SAGRADO/PROFANO IMPURO/PURO

PAOLO SACCHI

SAGRADO/PROFANO IMPURO/PURO
na Bíblia e nos arredores

EDITORA
SANTUÁRIO

Diretor Editorial:
Marcelo C. Araújo

Editores:
Avelino Grassi
Edvaldo Manoel de Araújo
Márcio F. dos Anjos

Coordenação Editorial:
Ana Lúcia de Castro Leite

Tradução:
Antônio Bicarato

Revisão:
Paola Goussain de Souza Lima

Diagramação:
Simone Godoy

Capa:
Erasmo Ballot

ISBN 978-88-372-2107-2

Dados Internacionais de Catalogação na Publicação (CIP)
(Câmara Brasileira do Livro, SP, Brasil)

Sacchi, Paolo
Sagrado/profano, impuro/puro: na Bíblia e aos arredores / Paolo Sacchi; [tradução Antônio Bicarato]. – Aparecida, SP: Editora Santuário, 2011.

Título original: Sacro/profano, impuro/puro: nella Bibbia e dintorni.
Bibliografia
ISBN 978-85-369-0227-2

1. Bíblia – Conceito de pureza 2. Bíblia – Interpretação e crítica (Exegese) 3. Sagrado – Conceito judaico 4. Sagrado – Cristianismo 5. Sagrado – Conceito bíblico I. Título.

11-03197 CDD-220.6

Índices para catálogo sistemático:

1. Bíblia: Interpretação e crítica 220.6

Composição, CTcP, impressão e acabamento:
EDITORA SANTUÁRIO - Rua Padre Claro Monteiro, 342
12570-000 — Aparecida-SP — Fone: (12) 3104-2000

Sumário

Prefácio

Este livro é resultado do pedido do amigo Paolo De Benedetti, que achou interessante o modo pelo qual apresento a história da categoria hebraica do "sagrado/profano – impuro/puro". Dado que muitas vezes me tenho ocupado desse problema, o livro nasceu do fato de eu visitar de novo os trabalhos passados, frequentemente referidos literalmente ou com pequenas modificações, para adaptá-los ao contexto atual.

Dito isso, o livro não é uma simples cópia e readaptação do que eu já havia escrito: é um repensar de toda a matéria.

Lê-se na Bíblia que uma das missões fundamentais do sacerdote é o de ensinar a fazer distinção e separar o que é sagrado do que é profano, o que é impuro do que é puro.

Essa frase expressa ideias mal-entendidas, compreensíveis só como metáforas indicadoras de valores afirmados ou traídos. O mesmo uso metafórico das palavras relativas ao sagrado e ao puro é empregado cada vez menos. No campo religioso – falo da religião cristã católica –, o haver tirado as barreiras erguidas em defesa da sacralidade dos altares e ter concedido aos fiéis a possibilidade de tocar a hóstia consagrada sem profaná-la tirou de uso algumas frases que tinham sentido só em relação ao conceito de sagrado e de profano. Junte-se o desaparecimento da expressão tridentina do sexto mandamento, "Não cometer atos impuros". Recordo que a palavra "impuro" suscitava em mim a vaga sensação, irracional, de qualquer coisa de misterioso e sedutor, tenebroso e maléfico, ligado ao sexo. Reconstruir a história da passagem da fórmula bíblica para a tridentina seria fazer a história do impuro nos começos da modernidade. Mas não é disso que me ocupo.

Este estudo traça a história da categoria "sagrado/profano – impuro/puro" tal qual se pode tirar da Bíblia e de outros escritos da cultura hebraica, desde suas origens até o surgir do cristianismo. O problema não termina com o século I e prossegue até nossos dias, mas meus conhecimentos impedem-me de ir além dessa data. Indiquei na bibliografia algumas obras que podem lançar luz sobre a história do impuro – mais sobre a do impuro que a do sagrado – nos séculos seguintes.

O historiador lê documentos referentes a esta categoria, procura entendê-los à luz das concepções contemporâneas, acompanha sua evolução. A tarefa do historiador não vai além. Nem este livro vai além. Mas ficarei feliz se ao menos tiver suscitado em algum eventual leitor a curiosidade de entender o que podemos pretender hoje com a palavra "sagrado" e com a palavra "impuro". "Sagrado" e "impuro" são termos recorrentes em todas as religiões, não são exclusivos da religião hebraica, conquanto nesta tivessem um desenvolvimento e uma importância maior que em outras.

Estamos nós ocidentais perdendo a percepção de realidades sensíveis ou nos estamos libertando de fantasias sem fundamento? Em qualquer dos casos, o sagrado e o impuro que estamos recusando são o que aparece dos textos, ou o que estamos recusando é uma túrbida degeneração da mistura de intuições arcaicas com complicações filosóficas? E ainda, é real seu desaparecimento ou trata-se de uma colocação diferente dos elementos da categoria?

O problema essencial e definitivo (e, portanto, não histórico) que se coloca ao homem diante da história do sagrado e do impuro é justamente o de sua natureza. Ainda que se trate de um tema normalmente ignorado pela cultura dominante, as ideias referentes ao sagrado e ao impuro têm constituído o assunto de muitas páginas de rabinos e de teólogos, têm sido o fundamento da religiosidade de muitos.

Mircea Eliade, no último capítulo de seu livro *Il sacro e il profano*, escreve:

> "É preciso dizer que este livreto é, por força maior, sumário e incompleto: não é nada mais que rápida introdução a um assunto imenso. Imenso não só por interessar ao historiador das religiões, ao etnólogo, ao sociólogo, mas ao historiador de forma geral, ao psicólogo, ao filósofo. Conhecer as situações do homem religioso, penetrar seu mundo espiritual significa, definitivamente, progredir no conhecimento geral do homem... Qualquer que seja o contexto histórico no qual está mergulhado, o *homo religiosus* crê sempre que exista uma realidade absoluta, o sagrado, que transcende este mundo..."[1]

[1] M. Eliade, *Il sacro e il profano* (Biblioteca di cultura scientifica), Boringhieri, Torino, 1967.

É isto o sagrado? Ou, por sua transcendência, o sagrado, o verdadeiro, está além?[2]

Gostaria de aqui, já no prefácio, prevenir o leitor que não tem familiaridade com os problemas de que se ocupa este livro. Achará estranho que o problema do sagrado envolva também o do impuro, porque em nossa mentalidade sagrado e impuro mais parecem opostos que diversos: em todo caso, muito diversos. Empregamos o primeiro, mesmo que metaforicamente, como valor positivo, o segundo, como valor negativo. Embora eu não conheça obras que se intitulem *O sagrado e o impuro*, todavia a relação entre sagrado e impuro é notada e discutida.[3]

Os povos que ainda têm vivo o sentido do sagrado, sentem-no geralmente como ligado ao impuro. Um fato permanece: entre impureza e sacralidade há uma ligação. Uma ligação não reconhecida por todos, antes por todos negada. Quem sabe sejamos nós que, tendo perdido o sentido da impureza junto com o do sagrado, já não somos capazes de reconhecer uma realidade que poderosamente tem agido na história da sensibilidade religiosa. Seguiremos, na evolução do pensamento bíblico, uma página da história da relação que o homem tem com as realidades que se colocam acima dos cinco sentidos físicos.

---

[2] Cf. E. Lévinas, *Dal sacro al santo*, Città Nuova, Roma, 1985.

[3] Cf. M. Douglas, *Purezza e pericolo* (Universale Paperback il Mulino 46), Il Mulino, Bologna, 1975, p. 27ss. Com muitas referências bibliográficas. Para um quadro atualizado, cf. A. Jacopozzi, *Note sul sacro in prospettiva postmoderna*, in "VH" 15 (2004), p. 265-275.

Introdução

Dada a grande variedade de opiniões acerca da gênese e da estrutura do Pentateuco e dos Livros históricos, exponho brevemente como o autor imagina, nas grandes linhas, a história da formação do texto bíblico. Saber como o autor imagina essa história é muito importante para o leitor, porque se não partilha os elementos essenciais de minha concepção da história do texto, não pode, por princípio, em nada partilhar a minha história do sagrado no hebraísmo e judaísmo pós-exílico.

Se alguém está convencido de que a bíblia é uma invenção – no sentido de que o texto aparentemente contém informações históricas, mas de fato um texto puramente literário sem nenhuma ou escassa base documental – quem sabe de época persa ou absolutamente helenista –, pode poupar-se de ler este livro. É inútil também criticá-lo, porque o defeito está além, na avaliação dos documentos.

A Bíblia é uma coletânea de mais obras, algumas das quais narram fatos, e os narram, como é preciso na natureza das coisas humanas, dentro de determinada luz. São obras que hoje chamamos históricas. Tenho em mente aquela obra gigantesca, considerando-se a época em que foi projetada e composta, que é a que começa com a história de Adão e termina com o último versículo dos livros dos Reis. Isso não significa – é obvio – que o autor narrou as coisas como aconteceram. Obras históricas assim nunca existiram, nem a Bíblia é exceção. As obras históricas derivam sempre de certa perspectiva do autor, propõem determinados valores e defendem determinados interesses. Documento antigo e ideologia do historiador que o emprega são dois fatos que devem ser levados em conta.

Nos tempos persas, na segunda metade do séc. V a.C., acontece uma primeira coleta, e, assim, uma edição, dos materiais da tradição existentes até aquele momento. Digo isso apoiando-me em informação tirada de *2Mc* 2,13-14, na qual se lê que uma primeira edição do material veiculado pela tradição foi feita por Neemias (entendo eu: por ordem de Neemias), o qual fundou uma biblioteca e cuidou de reunir "os livros referentes aos reis e aos profetas, os escritos de Davi e as cartas dos reis sobre as oferendas votivas". O texto prossegue dizendo que Judas Macabeu recentemente havia providenciado a coleta dos livros que tinham sido dispersados pela guerra; trata-se evidentemente dos livros da biblioteca de Neemias, que foram reorganizados.

Deixando de lado que coisa fossem as "cartas dos reis sobre as oferendas votivas", que deviam ser de qualquer forma documentos profanos em relação ao templo, isto é, à economia e ao Estado (a essa coleta de documentos pertenciam certamente aqueles conservados na primeira parte do livro de Esdras), ficamos admirados de que na biblioteca de Neemias não estavam presentes os livros que nós chamamos Pentateuco ou Torá. Se a expressão "profetas" sugere claramente a coleção dos quinze profetas, os três maiores e os doze menores (dois números não casuais, dignos de uma coleção oficial); se a expressão "escritos de Davi" remete seguramente aos salmos, a expressão "livros dos reis" remete-nos intuitivamente aos hodiernos livros históricos ou proféticos anteriores: por esse elenco, o Pentateuco parece não existir e é estranho. Penso que a coisa se possa explicar da forma seguinte, se não a queremos explicar como puro esquecimento do autor do segundo livro dos Macabeus.

Neemias cuidou da edição dos textos da tradição que pode ser definida como sendo do Palácio, ignorando os textos da tradição do Templo, por mais que tivessem caráter legal ou etiológico em relação à liturgia.[1] A corte hebraica em exílio teve autoridade, meios financeiros e culturais tais a ponto de poder cuidar da edição de uma grande obra que ia da criação do mundo até o ano 561 a.C., ano da morte de Nabucodonosor e da subida ao trono de seu filho Awil Marduk (Evil-Merodach da Bíblia). A obra começava com a criação do homem e contou os anos a partir da expulsão de Adão do Paraíso terrestre. O autor tinha, portanto, uma visão, digamos assim, universal da história, pois narrou as vicissitudes de Abraão ligando-as às vicissitudes dos patriarcas e de Noé, do qual nasceram os genearcas das principais

[1] Interessante, mesmo se datado, o artigo de H. Cazelles, *La mission d'Esdras*, in "VT" 4 (1954), p. 113-114: Neemias teria se apoiado essencialmente sobre a lei deuteronômica.

subdivisões das raças humanas: Sem, Cam e Jafé. Compôs uma história, não uma crônica.[2]

Mas o que mostra como o autor da obra apoiava-se sobre uma precisa filosofia da história é o fato de não só ter indicado escrupulosamente as datas de todos os reis de Judá, que ele podia tirar de documentos de arquivo, mas, andando para trás no tempo, não deixou de continuamente inventar números, inclusive os que indicavam a idade que tinha cada um dos patriarcas no momento do nascimento de seus primogênitos. Todos esses números não teriam sentido se a sua soma, feita seguindo o critério da continuidade dos números, não desse, como ano da "destruição" de Jerusalém e do templo, o ano 3.600. Uma vez que estamos em ambiente babilônio, no qual vigia um sistema métrico sexagesimal,[3] o 3.600[4] não pode ser um número casual. O ano 3.600, ao qual se chega fazendo a soma de todos os números intermédios, é o ano da morte de

---

[2] Escrevi muitas vezes sobre este tema. Vejam-se dentre outros: *L'esilio e la fine della monarchia davidica*, in "Hen" 11 (1989), p. 131-148; *Il Pentateuco, il Deuteronomista e Spinoza*, in "NUm" 19 (1997), p. 571-589 (tradução italiana do artigo *Le Pentateuque, le Deutéronomiste et Spinoza*, in "VTS" 61 [1995], p. 275-288); *Riflessioni metodologiche sulla critica biblica e sopratutto sul cosidetto problema del Pentateuco; a proposito di um libro recente*, in "Hen" 21 (1999), p. 175-183.

[3] D. W. Young, *On the Application of Numbers from Babylonian Mathematics to Biblica Life Spans and Epochs*, in "ZAW" 100 (1988), p. 331-361. Id., *The sexagesimal Basis for Total Years of the Antidiluvian and Postdiluvian Epochs*, in "ZAW" 116 (2004), p. 502-527.

[4] C. Martone, *Cronologie bibliche e tradizioni testuali*, in "ASR" 6 (2001), p. 167-190. Para uma história dos cálculos feitos para estabelecer a cronologia bíblica, cf. J. Northcote, *The Schematic Development of the Old Testament Chronology: Toward an Integrated Mode*, in "JSOT" 29 (2004), p. 3-36

Sedecias e, portanto, da "destruição" do templo. É o fim de um período histórico, mas é também o início de outro. Tinha-se a confirmação de que a nova época havia efetivamente começado devido aos favores que Yehoyakin, o rei de Judá no exílio, tinha recebido do rei Awil Marduk no ano 561 a.C.

> "No trigésimo sétimo ano da deportação de Yehoyakin, rei de Judá, no dia vinte e sete do décimo segundo mês, Evil-Merodach, rei de Babilônia, no ano em que subiu ao trono, deu anistia a Yehoyakin, rei de Judá, e o tirou da prisão..." (2Rs 25,27-30).

Essa obra, unitária nas grandes linhas, é a que vai do primeiro versículo do Gênesis ao último dos livros dos Reis. Considerada junto com a grade cronológica, ela contém aquelas partes que a crítica costuma atribuir ao Deuteronomista, mas sem o Deuteronômio, mais aquelas atribuídas à fonte javista (J).[5] Por isso, para designar o autor dessa obra, não uso a palavra "deuteronomístico", porque ela suscita imediatamente a ideia de que o Deuteronômio tivesse ali uma grande importância. Por isso chamei esse autor de R1.[6] Nessa obra não havia todas aquelas

---

[5] Cf. J. van Seters, *Der Jahwist als Historiker*, trad. do inglês (Theologische Studien 134), Theologischer Verlag, Zürich, 1987. P. Sacchi, rec. de J. Van Seters, *Der jahwist als Historiker*, in "Hen" 10 (1989), p. 247-250. Sobre a tradução tardia da fonte J, veja-se H. H. Schmid, *Der sogenannte Jahwist*, Theologischer Verlag, Zürich, 1976.

[6] Sobre o ambiente da corte hebraica no exílio, de onde surgiu a obra de R1, cf. P. Sacchi, *Storia Del Secondo Tempio, Israele fra VI sec. a.C. e I sec. d.C.*, SEI, Torino, 1994 (2ª edição, 2000), p. 61-73. Para a cultura do exílio foram atualizadas as páginas da edição espanhola *Historia del judaismo en la época del segundo templo*, Trotta, Madrid, 2004, p. 61-112.

passagens que a crítica atribui à fonte Sacerdotal (P) e que foram inseridas na grade cronológica de R1 só em época posterior.

Neemias não apreciou a obra dos sacerdotes que voltaram à pátria, porque os achava muito inclinados ao sincretismo ideológico, porque permitiam as uniões entre hebreus e não hebreus, permitiam que hebreus e não hebreus vivessem sob uma mesma lei. O fato é que os sacerdotes, responsáveis pelo poder em Judá, entendiam governar todos os povos que habitavam o território da Judeia e não apenas os hebreus, enquanto os hebreus da diáspora babilônica queriam que o estado da Judá permanecesse a sociedade de Israel,[7] sem alógenos, sem estrangeiros. Não é de admirar, pois, que Neemias não se importasse com os textos transmitidos pelos sacerdotes. Pode-se pensar que a fusão das duas tradições, a do Templo e a do Palácio, tivesse acontecido nos inícios do séc. IV a.C., quando se estabilizou a situação do sacerdócio, inserindo-se na política hebraica imposta pela diáspora a Jerusalém, primeiro por meio de Neemias e, depois, por meio de Esdras. Quando o autor dos livros das Crônicas escreveu que os hebreus tinham sido conduzidos (entende-se todos) para a Babilônia, por Nabucodonosor (*2Cr* 36,20), de tal modo que em Jerusalém só restaram as ruínas, a revolução de Neemias afirmava-se por completo: só os repatriados eram hebreus. Os que ficaram na pátria eram alógenos.

R1 trabalhou baseado nas tradições escritas e orais do Palácio. Talvez conferiu os dados que lhe chegavam de sua tradição com os das fontes mesopotâmicas, aos quais tinha fácil acesso na Babilônia.

---

[7] Sobre política dos sumos sacerdotes de Jerusalém na primeira metade do séc. V a.C., cf. P. Sacchi, *Secondo Tempio...*, cit., p. 92-100.

Ao mesmo tempo, fez a meu juízo uma obra ótima, valorizando, obviamente, as coisas de seu ponto de vista de homem da corte davídica do VI séc. a.C. . A condenação do período em que não havia rei em Israel ou a convicção de que as alturas sagradas fossem a consequência do pérfido influxo das populações vizinhas, e não o culto antigo de Israel, são erros de interpretação, não documentários falsos. Até um historiador, ao qual certamente não se podem atribuir intenções apologéticas em relação à Bíblia, escreveu:

> "A correspondência entre as cronologias bíblica e assíria é tal a ponto de fazer descartar a hipótese de uma "invenção", que não esteja baseada sobre fontes autênticas fidedignas".[8]

Penso, portanto, que seja possível, e sério, usar a grade geral como válida. Que a ideologia seja mais tardia que o tempo no qual se datou uma narração, é fato que comumente acontece.[9] É a ideologia do historiador narrador que se acavala, ou se substitui, àquela de quem redigiu o documento base.

Este discurso não se refere, obviamente, a narrações mais antigas, as do Egito e dos Patriarcas, nas quais distinguir um fundo de verdade da lenda é praticamente impossível. Que os hebreus tenham tido contatos com o Egito fica demonstrado ao menos pelo nome de Moisés, que não é hebraico, mas claramente

---

[8] M. Liverani, *Nuovi sviluppi nello studio della storia dell'Israele biblico*, in "Bibl" 80 (1999), p. 488-505, p. 496. Creio que se possa atribuir a Liverani esta mesma opinião depois da publicação de seu *Oltre la Bibbia; storia antica di Israele*, Laterza, Roma – Bari, 2003. Nesse sentido, veja-se a recensão de G. Prato in "RivBibl" 52, p. 463-473.

[9] Cf. M. Liverani, *Oltre la Biblia: Storia antica di Israele* (Storia e Società), Laterza, Roma – Bari, 2003.

egípcio: é a segunda parte de um nome teofórico egípcio, formado pelo nome de uma divindade e seguido de uma palavra que significa "filho". Na tradição hebraica, perdeu-se a primeira parte do nome. Mas, historicamente, não se pode dizer muito mais.

É também certo que a tendência de R1 e dos sacerdotes que recolheram as tradições do Templo durante o exílio era a de atribuir à época do deserto fatos realmente acontecidos, mas em época posterior. Veja-se, por exemplo, a história de Balaão, personagem que realmente viveu entre os séc. IX e VIII a.C.,[10] uma época bem posterior àquela pressuposta pelo autor bíblico.[11]

A transcrição do hebraico está simplificada. O *begadkefat* é ignorado, salvo pelo *v* e pelo *f*. O *tet* não está assinalado. O *sade* permaneceu com *ts*; o *het*; com *ch*, o *shin*, com *sh*.

As vogais foram reduzidas às cinco do português.

Lembro que as palavras hebraicas têm normalmente o acento na última sílaba. Nos casos de pronúncia plana, dei-me a permissão de acentuar, contrariamente ao uso.

---

[10] Sob a inscrição de Deir Alla, que traz um texto referente a Balaão, e que remonta a uma época por alguns tida como ainda um pouco mais baixa da que eu aceito, cf. G. Garbini, *L'iscrizione di Balaan Bar Beor*, in "Hen" I (1979), p. 166-188. Ver também J. Hoftijzer-B. van der Kooj, *Aramaic Texts from Deir 'Alla* (Documenta et Monumenta Orientis Antiqui 19), Brill, Leiden 1976; P. K. McCarter, *The Balaam Texts from Deir 'Alla*, in "BASOR" 239 (1980), p. 49-60; E. Puech, *Le texte "ammonite" de Deir 'Alla: les admonitions de Balaam*, in *La vie de la Parole, De l'Ancien au Nouveau Testament*, Desclée, Paris, 1987, p. 13-30.

[11] Veja-se o caso do elenco de cidades conquistadas, que antes do ano 1000 nem sequer existiam. Cf. A. Rolla, *La conquista del Canaan e l'archeologia palestinese*, in "RivBibl" 28 (1980), p. 89-96.

Abreviações

1. *Coleções e Revistas*

Ad, Adamantius
AfO, Archiv für Orientforschung
AION, Annali dell'Istituto Orientale di Napoli
ASE, Annali di Storia dell'Esegesi
ASR, Annali di Scienze Religiose
BASOR, Bulletin of the American Schools of Oriental Research
BCR, Biblioteca di cultura religiosa
BeO, Bibbia e Oriente
Bibl, Biblica
BJSt, Brown Judaic Studies
BSSTB, Biblioteca di Storia e Storiografia dei Tempi Biblici
CrSt, Cristianesimo nella storia
DJD, Discoveries in the Judaean Desert
EspVie, Esprit et Vie
EtBibl, Etudes Bibliques
ETL, Ephemerides Theologicae Lovanienses
GLNT, Grande Lessico del Nuovo Testamento
Hen, Henoch

HSS, Harvard Semitic Studies
IEJ, Israel Exploration Journal
JJS, Journal of Jewish Studies
JNES, Journal of Near Eastern Studies
JQR, Jewish Quartely Review
JRAS, Journal of the Royal Asiatic Society
JSJ, Journal for the Study of Judaism
JSNT, Journal for the Study of the New Testament
JSOT, Journal for the Study of the Old Testament
JSS, Journal of Semitic Studies
MLE, Materiali lessicali ed epigrafici
NTS, New Testament Sudies
NUm, Nuova Umanità
OTS, Oudtestamentische Studiën
PdP, La Parola del Passato
QHen, Quaderni di Henoch
Qsem, Quaderni di Semitistica
RB, Revue Biblique
RelSoc, Religioni e Società
RevSR, Revue de Science Religeuse
RQ, Revue de Qumrân
RGG, Religion in Geschicte und Gegenwart
RivBibl, Rivista Biblica
RSB, Ricerche Storico Bibliche
RSLR, Rivista di Storia e Letteratura Religiosa
SBLSP, Society of Biblical Literature – Seminar Paper
Sem, Semeia
SJLA, Studies in Judaism in Late Antiquity

VT, Vetus Testamentum
VTS, Vetus Testamentum Suplements
VH, Vivens Homo
ZA, Zeitschrift für Assyriologie
ZAW, Zetschrift für die alttestamentliche Wissenschaft

2. *Livros bíblicos*

1Cor, Primeira Carta aos Coríntios
1Sm, Primeiro Livro de Samuel
1 e 2Cr, Livros das Crônicas
1 e 2Mc, Primeiro e Segundo Livro dos Macabeus
1 e 2Rs, Primeiro e Segundo Livro dos Reis
Dt, Deuteronômio
Eclo, Eclesiástico
Êx, Êxodo
Ez, Ezequiel
Gl, Gálatas
Gn, Gênesis
Is, Isaías
Jó, Jó
Jr, Jeremias
Jz, Juízes
Lv, Levítico
Mc, Marcos
Mt, Mateus
Ne, Neemias
Nm, Números
Os, Oseias
Tg, Tiago

3. *Obras antigas, textos de Qumran, apócrifos*

1H, Henoc etíope[1]
2H, Henoc eslavo
1QH, Rolo dos *Hinos, Hodayot*
1QM, *Regra da Guerra*
1QS, *Regra da Comunidade*, segundo o manuscrito 1Q28
Ant Iud, Flávio Josefo, *Antiguidade Judaica*
Bell Iud, Flávio Josefo, *Guerra Judaica*
DD, *Documento de Damasco*
Decal, Filão, *De decálogo*
EE, Carta de Henoc
Giub, Jubileus
LA, *Livro da Astronomia*
LAB, *Liber Antiquitatum Biblicarum*
LettAr, *Carta de Aristeu a Filócrates*
LP, *Livro das Parábolas*
LS, *Livro dos Sonhos*
LV, *Livro dos Vigilantes*
Op mundi, Filão, *De opficio mundi*
PHab, *Pesher Habacuc*
RT, *Rolo do Templo*
SpecLeg, Filão, *De specialibus legibus*
Test Aser, Testamento de Aser
Test Ben, Testamento de Benjamim
Test Iss, Testamento de Issacar
Test Ruben, Testamento de Rúbens
Test Sim, Testamento de Simeão

---

[1] 1H é formado por cinco livros mais alguns apêndices. Uma vez que a numeração usual é contínua, a citação é feita indicando entre parênteses a obra à qual pertencem os versículos citados. Exemplo: 1H (LP) 40 significa "capítulo 40 de 1H", que pertence a LP.

Primeira parte

O sagrado no hebraísmo

1. O sagrado, o profano, o impuro e o puro na formulação bíblica

"É preciso separar o sagrado do profano,
o impuro do puro" (*Lv* 10,10).

"Ensinarão meu povo a discernir entre o que é santo
e o que é profano e lhe indicarão a distinção
entre impuro e puro" (*Ez* 44,23).

A categoria mais característica do pensamento hebraico, aquela segundo a qual os hebreus interpretavam e classificavam o real, é a do "sagrado/profano – impuro/puro". Fazer a história da evolução dos conteúdos dessa categoria e da própria relação dos termos de que é composta é, um pouco, fazer a história do pensamento hebraico. Um dos pontos mais inovadores da pregação de Jesus diz respeito à interpretação dessa categoria.[1] As consequências de tal interpretação, que foi também uma revolução, foram notáveis, conquanto seja difícil fazer dela um balanço, porque os conteúdos da interpretação de Jesus não foram claros então, nem hoje o são. Jesus parece ter dado início a uma revo-

[1] Veja *Mc* 7 e passagens paralelas.

lução que encontrou grandes dificuldades para ser aceita desde os inícios, e que conheceu reinterpretações e oscilações durante toda a história da Igreja.

A Bíblia é muito escassa em questões de conceituações, definições e enunciados de princípio. Mas um caso ao menos existe e se refere ao tema do sagrado e do impuro. Lê-se no livro do Levítico, em uma passagem de matriz seguramente Sacerdotal, que "É preciso separar o sagrado do profano, o impuro do puro" (*Lv* 10,10). Passagem que indica o sentido de todo o discurso que vai de *Lv* 10,8 a 10,11.

A mesma frase encontra-se em outro texto, este não de origem sacerdotal, mas atribuído a um sacerdote que esteve certamente em estreito contato com a escola Sacerdotal, ou melhor, fez parte ativa dela: Ezequiel. Lê-se em *Ez* 44,23: "[Os sacerdotes] ensinarão meu povo a discernir entre o que é sagrado e o que é profano e lhe indicarão a distinção entre puro e impuro".

Essa conceituação remonta ao séc VI a.C., mas pode ser considerada válida como base para compreender também os sucessivos desenvolvimentos da concepção hebraica sobre o mundo. Os quatro elementos da categoria permaneceram imutáveis, mas mudou a relação entre eles e, por fim, os conteúdos de cada uma. Naturalmente, as variações nunca dizem respeito ao judaísmo em seu conjunto, mas marcaram antes o irromper de novas forças e tendências. Em certo sentido, fazer a história da evolução dessa categoria é um pouco fazer a história do pensamento hebraico e, depois, de sua diversificação do pensamento cristão. Os problemas suscitados pela noção indefinida da categoria do "sagado/profano – impuro/puro" continuarão a atormentar também a história do cristianismo. O ponto mais notável da história da categoria foi a pregação de Jesus a esse respeito.

Os conceitos expressos pelos dois textos, o do Levítico e o de Ezequiel, são extremamente semelhantes. Mais teórico, o de Ezequiel; mais interessado pela prática, o do Levítico. Ezequiel está preocupado, sobretudo, que seja ensinada uma distinção correta entre os opostos. O problema é enfrentado no nível mental. O Levítico é mais concreto, está preocupado com a prática, com aquilo que hoje se chamaria pastoral: é preciso separar, ter separado o que é sagrado daquilo que é profano, aquilo que é impuro daquilo que é puro. Às vezes, nas traduções modernas, certamente não nas antigas, encontra-se invertido o segundo membro da frase: "discernir o puro do impuro". Trata-se de uma tradução que percebe de maneira moderna os valores do texto que estão invertidos em relação aos que trazia o autor antigo[2] e que põe, por isso, o puro em paralelo com o sagrado e o impuro com o profano. Hoje, esse erro, que demonstra como o sentido original da frase foi perdido, não se comete mais, porque recuperamos com a nossa filosofia o sentido antigo da frase, mas o recuperamos com a filologia, porque seu valor não é sentido. É por isso que está explicado.

---

[2] Veja, em italiano, a velha Bíblia de Marco Sales, que é uma reconstrução e modernização, tanto na linguagem quanto no método interpretativo, da famosa e gloriosa Bíblia de A. Martini (1782-1792). Veja, ainda hoje, a tradução da Bíblia da CEI, na passagem de Ezequiel.

Trata-se claramente de uma categoria unitária que se refere a um modo de classificar todo o real e que consta de duas subcategorias, a do sagrado e de seu oposto, e a do impuro e de seu oposto. Cada subcategoria diz respeito a duas formas de realidades opostas, no sentido de que estão uma diante da outra e que o homem deve manter nela sua posição, que podemos chamar natural. Problema fundamental é esclarecer se os quatro termos se leem de maneira paralela ou quiástica. Paralelo ao sagrado é o impuro ou o puro? A explicação será buscada, além de em certa lógica inerente a este mesmo texto, em passagens de cujos conteúdos se possam deduzir qualquer coisa a respeito da essência de cada um dos quatro termos.

Uma estreita relação deve existir entre as duas subcategorias, pois ambas vêm mencionadas uma em seguida da outra. Dada a recíproca posição de cada uma, o sagrado parece o elemento positivo fundamental, aquele cuja existência fornece a base para compreender a posição dos outros, posição cuja natureza define-se em sua relação com o sagrado. Quanto ao puro, parece, ao menos antigamente, um termo puramente negativo, porquanto indica simplesmente a ausência daquela qualquer coisa de concreto que é chamada impura.

Se a obrigação do sacerdote era estabelecer a pertença de cada coisa a uma das formas de realidade supramencionadas, a existência dessa classificação das coisas era ideia difusa, aceita e perfeitamente compreensível pelo povo. Pode-se pensar que os sacerdotes nada mais fizeram que colocar ordem em uma matéria da qual percebiam a importância para o culto e para o controle da sociedade em geral.

O texto do Levítico impõe ao povo que tenha separado o sagrado do profano e o impuro do puro; por essa razão, junta ao cap. 10 um capítulo seguinte, o décimo primeiro, que traz um longo elenco de animais puros e de animais impuros: estabelece elementos válidos para o comportamento concreto. Outro elenco de animais puros e impuros encontra-se em *Dt* 14. Também esta é uma preocupação concreta, com relação ao comportamento.

Ezequiel parece mais preocupado, em relação ao Levítico, em fazer uma teologia do sagrado e de dar normas e disposições para evitar o contato com o profano. O real tinha quatro aspectos diversos e deviam ser tidos separados para evitar danos à comunidade, e talvez não só àquela comunidade, dada a centralidade de Israel na terra e no cosmo.

2. Os quatro termos da categoria

Embora as duas subcategorias devam ser tratadas separadamente, todavia será indispensável uma invasão de áreas do discurso de uma para a outra, pois estão intimamente ligadas. Entre sagrado e impuro, os dois termos positivos das duas subcategorias, havia, ao menos nos começos, relações tão estreitas a ponto de fazer se pensar seriamente em uma comunhão de natureza entre as duas realidades.

O hebreu antigo, quando falava de "sagrado" (*qódesh* substantivo, *qadosh* adjetivo), indicava uma força que entendia intuitivamente ligada com o mundo dos deuses e dos seres celestes em geral, inclusive Javé. Era uma força terrível que se imaginava ter a capacidade de matar quem quer que fosse que entrasse em contato. Essa força estava presente em qualquer lugar onde a divindade aparecesse e encontrava-se também nos objetos de seu culto. Naturalmente, problemas não faltaram desde os tempos mais antigos. Se era certo que o sagrado matava, não era, entretanto, claro se as divindades tinham o poder de suspender a força destrutiva do sagrado ou se isto lhes era impossível. Nesse caso, o sagrado representava uma força superior à força da própria divindade: era a natureza daquele ambiente superior ao humano no qual viviam as divindades. Com o passar dos séculos, essa maneira de conceber o sagrado mudou profundamente, tanto que a união com Deus acabou por tornar-se para muitos o desejo supremo.

Entre os quatro, o profano *(chol)* é o termo que é menos usado. É intuitivo que o oposto do sagrado deve ser aquilo que se encontra na esfera do humano.

Com a palavra impuro *(tame')* era indicada qualquer coisa que realmente existia na natureza e que se revelava ao homem em termos de certa periculosidade. O contato com o impuro é perigoso para o homem como é perigoso o encontro com o sagrado. A diferença é puramente quantitativa: o sagrado mata, ao passo que o impuro se limita a despotencializar o homem. Em ambos os casos, trata-se de forças que existem na natureza, das quais o homem deve, conforme os casos, guardar-se e acautelar-se.

Essa periculosidade do impuro mostra claramente que a frase que indica a segunda subcategoria tem estrutura paralela e não quiástica. É o impuro que deve estar em paralelo com o sagrado, e não o puro *(tahor)*. Quanto ao puro, é um termo puramente negativo, no sentido de que indica a ausência do impuro. Não é, portanto, uma coisa, mas só o modo de ser daquilo que não é atingido pela impureza.

3. O sagrado

A concepção do sagrado é um pouco a base que rege e explica toda a categoria. Ela é a conceituação do diafragma que estava entre o olho e a mente do hebreu antigo e do mundo que o circundava. O mundo era sagrado, ou seja, pervadido por uma força terrível, sobre a qual o homem não podia agir de forma alguma. Procurarei descrevê-la lendo algumas passagens da Bíblia que estão impregnadas do sentido de espanto e de terror que os hebreus sentiam diante da natureza e de certas manifestações suas.

As coisas que estão na natureza sem terem sido produzidas pelo homem, como o solo e as pedras, as plantas e os animais, pertenciam à esfera do sagrado e eram tratadas com as cautelas e os cuidados devidos. Leio a passagem de *Êx* 20,23-25. Ela pertence ao assim chamado Código da Aliança, certamente mais antigo que o Código de Santidade, e que deve seguramente ser colocado em época pré-exílica.

Sua antiguidade é garantida pelo fato de que se fala de altares que podem ser construídos por toda parte: o texto é necessariamente anterior à unificação do culto querida por Josias.

A condenação, pois, da laboração das pedras destinadas a uma construção sagrada trai, de qualquer forma, uma mentalidade decididamente arcaica.

> "Não fareis deuses de prata para ficar a meu lado, nem deuses de ouro fareis para vós. Tu me levantarás um altar de terra, sobre o qual oferecerás teus holocaustos e teus sacrifícios de comunhão, tuas ovelhas e teus bois. Em todo lugar onde eu quiser que seja recordado meu nome, virei a ti e te abençoarei. Se me construíres um altar de pedra, não o farás com pedras lavradas, pois, ao manejares teu cinzel sobre elas, tu as profanarias" (*Êx* 20,23-25).

O texto abre-se com um mandamento anti-idolátrico, no sentido de que impunha aos hebreus adorar somente o deus deles. Mas, ao lado da preocupação anti-idolátrica, aparece ali uma preocupação diferente que se refere à relação do homem com as coisas. O homem, quando constrói alguma coisa, faz alguma coisa que depende dele, que é obra sua, que está, portanto, na esfera do profano. Mas os materiais de que se serve para a construção que faz não foram feitos por ele: são coisas de que o homem se apropria, são coisas que, por sua natureza, diferentemente do manufaturado, não são profanas, mas profanas se tornam. Javé não tolera que um altar dedicado a ele seja construído com pedras tornadas profanas.

O problema era vasto e acometia os aspectos fundamentais da vida humana. Como podia o homem praticar a caça, a agricultura, a criação de animais, se a natureza era, em seu todo, sagrada? Como era possível ferir a terra para cultivá-la e fazer isso sem profaná-la? Como era possível viver sem ofender Deus e a natureza?

O problema foi resolvido, não estabelecendo uma diferença ontológica entre as coisas que estão no mundo, mas antes pensando que Deus tinha feito dom explícito de algumas delas ao homem, tornando-as assim, de algum modo, se não profanas na essência, profanas ao menos na possibilidade de serem usadas. As coisas dadas ao homem continuavam ontologicamente sagradas, mas tornavam-se profanas antropologicamente. Creio que sejam interpretadas nesse sentido algumas passagens da narração da criação, como aquela que diz que Deus conduziu todos os animais diante de Adão para que lhes desse nome (*Gn* 2,19-20, de tradição javista e, portanto, que reflete problemas debatidos em ambiente de corte ou, seja como for, recebidos nesse ambiente), coisa que equivalia a colocá-los em seu poder e domínio, permitindo assim a caça e o abate. Naturalmente, caça e abate estavam submetidos a precauções, como a proibição de comer carne da qual não tivesse sido escorrido o sangue, e a proibição de comer carne de animais definidos como impuros.

Deduz-se também esse princípio da tradição sacerdotal: Deus concedeu ao homem exercer seu poder sobre peixes do mar e sobre aves do céu, e concedeu que comesse de todos os frutos da terra, sem distinção.

> "Sede fecundos e multiplicai-vos, enchei a terra e submetei-a; dominai sobre os peixes do mar, sobre as aves do céu e sobre todo ser vivo que rasteja pela terra. E Deus disse-lhes: Dou-vos toda planta... e toda árvore que dá fruto" (*Gn* 1,28-29).

Consequência dessa concepção do mundo como pertencente a Deus encontra-se em muitas leis. A ideia de que o verdadeiro patrão da terra é Deus aparece em *Lv* 25,23: "A terra não poderá ser vendida para sempre, porque a terra é minha, e vós sois para mim como estrangeiros e peregrinos".

Em *Lv* 19, 23-25 lê-se que, quando os hebreus entrarem na terra prometida e ali tiverem plantado árvores frutíferas, não poderão por quatro anos comer dos frutos, porque se diz explicitamente que os frutos do quarto ano são sagrados. Só a partir do quinto ano os frutos pertencem ao homem, isto é, entram na esfera do profano.

Para o hebreu antigo, portanto, as coisas eram sagradas, enquanto pertencentes a uma ordem que julgava superior a si. O sagrado, pois, era sentido como uma força terrível, capaz de matar aquele que entrasse em contato direto com ela ou com coisas manifestamente ligadas a ela.

Essa ideia de que o sagrado, em suas manifestações diretas, matava, vê-se bem no episódio certamente antigo do anúncio do nascimento de Sansão por parte de um *mal'ak Jhwh*, um anjo de Javé. Quando o pai de Sansão tem certeza de que o ser que lhe está diante não é humano, exclama: "Vamos morrer certamente, porque vimos a Deus!" (*Jz* 13,22).

Outro texto que mostra o poder terrificante do sagrado é o que narra o episódio de Oza, em *2Sm* 6,6-8.

Davi está trazendo de novo para a terra de Israel a arca do Senhor.

> "Quando chegaram à eira de Nacon, Oza estendeu a mão para a arca de Deus e segurou-a, porque os bois trope-

çaram. Então se acendeu a ira de Javé contra Oza, e Deus o feriu ali mesmo por aquela temeridade, e ele caiu morto ali, perto da arca de Deus. Davi entristeceu-se porque Javé abriu uma brecha no povo, ferindo Oza, e aquele lugar foi chamado 'Farés-Oza', nome que traz ainda hoje."

Oza acabou fulminado pela força do sagrado que tinha ousado tocar. A tradição vê, de qualquer forma, no destino de Oza, a vingança de Deus que reivindicava seus privilégios. Deus e o sagrado estão aqui compenetrados um no outro. O sagrado é uma característica do divino.

A narração na forma pela qual a temos foi escrita por R1:[1] trata-se, portanto, de um episódio recontado na tradição do Palácio. Mesmo que R1 não tenha feito nenhuma teologia do sagrado, todavia conhecia-o bem. A história de Oza era perfeitamente credível para seu auditório. Isso mostra como a ideia de que o contato com o sagrado produz a destruição do profano é antiga, mas perfeitamente compreensível e partilhada ainda por homens do século VI.

Também no livro do primeiro Isaías, o profeta que viveu em torno do ano 700 a.C., encontra-se qualquer coisa do gênero: veja-se o cap. 6. Há a ideia partilhada pelo profeta de que o contato com a divindade ou a visão da divindade, que o profeta considera a fonte mesma do sagrado[2] (*Is* 6,3), leve à destruição. Quando o profeta em sua visão vê o manto do rei do mundo,

---

[1] Para R1, veja *Introdução*.

[2] Deus é dito três vezes *qadosh*, "sagrado" ou "santo".

exclama: “Ai de mim! Estou morto”. Retornaremos, à frente, a essa passagem de Isaías, que apresenta numerosos e interessantes aspectos.

Sigamos agora, na passagem lida acima, a dos pais de Sansão, a reação da mãe à desconfortante exclamação do pai. A mãe replica que, se Deus quisesse fazê-los morrer, não lhes teria feito a promessa de um filho. Isso mostra que, se havia a convicção de que a aparição de um ser divino fosse letal, podia também existir quem pensasse que essa capacidade de matar não era inerente ao sagrado, mas dependia da vontade do deus, que era capaz de controlar e de suspender a força do sagrado.

4 . O sagrado como força sobre-humana incontrolável até pelos deuses

Ora, esses dois comportamentos no que dizem respeito ao sagrado, como força controlável ou não pela divindade e, portanto, sujeita a ela ou não, são documentáveis em vários textos. Vejamos um caso em que o sagrado não parece controlável pela divindade.

Em *Êx* 19,12-13, Deus ensina aos hebreus, acampados aos pés do Sinai à espera da revelação, como defender-se do sagrado, concebido como força que emana de sua presença, força evidentemente cega, férrea, superior ao humano e independente da própria divindade. Deus não está em condições de impedir que essa força atue.

> "Fixarás ao redor um limite para o povo, dizendo: Guardai-vos de subir a montanha e de tocar-lhe a base; quem tocar a montanha será morto. Mão nenhuma tocará o culpado, pois será apedrejado ou flechado."

Esse texto confirma a periculosidade do sagrado e sua estreita relação com a divindade, mas mostra também quantas incertezas havia em relação à ação deletéria do sagrado. Nesse caso, vemos como os infelizes, que avançam a linha de demarcação entre a zona profana e a sagrada, não sofrem diretamente os danos, mas, ao se tornarem portadores de ruína no meio dos outros, devem ser eliminados de seu povo. A morte deve acontecer por meio de coisas atiradas, como flechas ou pedras, todas armas que não são retidas diretamente pela mão, porque a morte por meio da espada ou semelhantes geraria um contato que alargaria a esfera daqueles que deveriam ser eliminados. O sagrado apresenta-se, pois, como uma força estranha à natureza física das coisas, mas que se revela nas coisas por ocasião de uma aparição ou presença divina. Ela é, em linha geral, extremamente danosa para o homem: letal, em certos casos.

Deste trecho, pode-se deduzir uma propriedade do sagrado, que é comum também ao impuro: o sagrado, como o impuro, tem a capacidade de passar de um corpo a outro, por contato. O sagrado, como o impuro, devia ser imaginado como um fluido em condição de invadir os corpos que estivessem em contato com ele: estava presente no espaço divino, mas podia expandir-se também pelo espaço humano, uma vez que tivesse penetrado em um corpo. Dada a periculosidade do sagrado, a destruição do corpo contaminado parecia indispensável.

5. O juramento e o sagrado

A natureza do sagrado era diversa da natureza física, mas podia bem encontrar-se em corpos físicos, se não noutro, nos objetos do culto.

A ideia de que no cosmo existia uma força acima da própria divindade e capaz, portanto, de condicioná-la, força que, dada sua natureza, não podia senão ser o sagrado, é pressuposta por um rito como o do juramento. Em *Êx* 24, 3-8, é narrada a cena do que era estipulado pela Aliança que liga Javé a Israel. Deus compromete-se em proteger seu povo, se ele observar seus mandamentos.

> "Moisés escreveu todas as palavras de Javé. No dia seguinte, levantando-se bem cedo, ergueu um altar ao pé da montanha... Mandou alguns jovens dentre os israelitas oferecer holocaustos e imolar novilhos como sacrifícios pacíficos.
>
> Então Moisés tomou metade do sangue, colocou-o em bacias e derramou a outra metade sobre o altar. Tomou o livro da aliança e o leu ao povo, o qual exclamou: 'Tudo o que Javé falou, nós o faremos, e a tudo obedeceremos'.

> Então Moisés tomou do sangue, aspergiu com ele o povo e disse: 'Este é o sangue da aliança que Javé fez convosco por meio de todas essas palavras'."

A Aliança é oferecida por Javé. Seu compromisso é sancionado pelo sangue derramado sobre o altar, sobre o qual deve ser pensada sua presença invisível. As cláusulas da Aliança são lidas ao povo, quando já existe o compromisso divino. O povo declara, então, aceitar as cláusulas da Aliança que lhe foi proposta. Nesse ponto, Moisés esparge sobre o povo a outra metade do sangue recolhido.

É evidente que o sangue tinha a função de ligar os dois contraentes entre si e oferecer a ambos a garantia de que o compromisso era válido. Para que a cena tenha um sentido para aqueles que dela participaram, é preciso que o contato com o sangue fosse pensado como algo que de fato produz qualquer coisa de vinculante, qualquer coisa que devia ter a possibilidade de impor-se, não só sobre o homem, mas sobre a divindade. É preciso entender que o sangue, enquanto força contaminante, ou seja, capaz de despotencializar ou, precisamente, de destruir quem o tivesse tocado, produzia uma contaminação que se desencadearia só e quando uma das duas partes tivesse transgredido os compromissos assumidos.

Será exatamente a perda dessa concepção do sagrado como capaz de vincular até a divindade que fará Jó duvidar (séc. V-IV a.C.) que semelhante aliança jamais tivesse existido: estava claro para Jó que Deus podia violá-la quando quisesse.

Acontecia qualquer coisa do gênero também no caso do juramento. Nesse caso, não intervinha o sangue, mas a consequência era a mesma: aquele que tinha feito o juramento sentia-se comprometido de maneira absoluta, independentemente de horríveis situações que podiam acontecer fora. O juramento era garantido por uma força, moralmente cega, férrea em sua capacidade de chegar à conclusão.

Acerca da existência dessa força férrea capaz de garantir o juramento de forma irresistível, veja-se o caso de Jefté *(Jz 11,29ss)*. Jefté, que jurou oferecer em holocausto a Javé "a primeira pessoa que saísse da porta de sua casa", não pode senão desesperar-se por ter de sacrificar a filha.

Essa força é pressuposta também pela maldição. Quando Micas *(Jz 17)* descobre que a mãe havia formulado uma verdadeira maldição contra quem lhe havia roubado seus mil e cem siclos de prata, visto que o ladrão é ele, corre para restituí-los. A maldição era concebida como eficaz por meio de uma força irresistível, incapaz de adaptar-se a situações particulares. A maldição da mãe de Micas era contra quem quer que fosse que tivesse roubado: para o filho, não haveria salvação se não tivesse restituído.

6. O sagrado como força emanada da divindade e por ela controlada

Se, segundo os textos que lemos, a visão, como qualquer outro contato com o sagrado, matava, em *Êx* 24,9-11 narra-se um caso em que Javé suspendeu a força destruidora que emanava de sua presença.

> "A seguir Moisés subiu (sobre o monte) com Aarão, Nadab, Abiu e setenta dos anciãos de Israel. Eles viram o Deus de Israel: debaixo de seus pés havia como um pavimento de safira, límpida como o próprio céu. Ele não estendeu a mão contra aqueles privilegiados entre os israelitas; eles viram a Deus e depois comeram e beberam (com ele)".

Aqueles setenta eram privilegiados, mas puderam sê-lo, porque Javé podia suspender a força do sagrado que emanava de si: "não estendeu a mão contra eles". Teria podido fazer, mas não o fez.

Essa narração não é senão outra descrição do estipulado pela aliança de Deus com Israel, em que, em lugar do juramento sobre o sangue dos novilhos, temos um compromisso sereno marcado por um banquete em comum. Também o banquete aproxima, mas estamos em uma diferente ordem de ideias. Em todo caso, ambas as versões do estipulado pela aliança são antigas. Pode-se pensar que tenham sido transmitidas por duas diversas tradições, a baseada sobre o sangue, por parte do Templo, e a baseada sobre o banquete, por parte do Palácio, mas consta de fato que, em época pós-exílica, foram acolhidas ambas, e estruturadas em um discurso unitário, que trai, de alguma forma, sua dependência das duas fontes diferentes. As duas concepções da aliança são ambas de Israel, mesmo se é a primeira a que se impõe a nossa imaginação.

7. As mais antigas concepções relativas ao impuro

Como no cosmo agia a força tremenda do sagrado, capaz de matar quem entrasse em seu contato, do mesmo modo nas coisas, nos animais e no próprio homem havia qualquer coisa na presença da qual era preciso comportar-se com prudência, porque era uma força não letal ao homem, como o sagrado, mas de qualquer forma despotencializadora. Essa força é a impureza. O conceito que dela tinham os hebreus mais antigos e sua evolução é uma parte importante da história do pensamento judaico e do próprio pensamento cristão.

Uma primeira orientação para compreender o que seria o impuro é fornecida pela observação dos seres e daquelas partes e funções dos seres nos quais o impuro se aloja por sua própria natureza. Comecemos pelos elencos dos animais impuros, o mais longo dos quais é o clássico cap. 11 do Levítico. A ele será preciso juntar todas aquelas coisas e situações que são definidas como impuras em outros contextos, porque o impuro, se está certamente em alguns animais e em algumas situações, pode acontecer, onde quer que seja, por contato.

Os animais puros são tocáveis e comestíveis; aqueles classificados como impuros não são nunca comestíveis; com relação a seu contato, este sempre gera impureza, se é com o animal morto; quando o animal está vivo, o texto do Levítico não é unívoco. Segundo *Lv* 11,24-25.28.31, o contato com o animal impuro, mas vivo, não gera impureza. Mas em *Lv* 11,26, parece que se pode contrair alguma impureza também pelo contato com o animal vivo. Essa interpretação global da impureza do animal impuro é partilhada no séc II a.C. pelo autor da *Carta de Aristeu*, o qual escreve a propósito (*LettAr* § 148):[1]

> "por meio dos animais impuros, o legislador (isto é, Moisés) quis significar aos seres dotados de inteligência que devem ser justos e nada praticar com violência, nem aproveitar da própria força para oprimir os outros".

O autor da *Carta de Aristeu* escreve num momento em que o conceito de impuro gera dificuldade: a respeito desse ponto veremos em seguida,[2] mas é importante notar que para ele o que conta é o animal impuro enquanto tal: vivo ou morto é sempre impuro. Provavelmente, o comportamento em relação ao animal impuro deveria ser diverso, conforme fosse ou não inserido na vida econômica. O cavalo era impuro, mas existia a cavalaria; a serpente era impura e não era usada para nenhuma atividade.

---

[1] Tradução C. Kraus Reggiani, *La Lettera di Aristea a Filocrate*, Inst. de filologia clássica, Roma, 1979.

[2] Veja especialmente o cap. 10 da segunda parte.

O cavalo ou o camelo podiam certamente ser tocados enquanto vivos; a serpente, não.

A particular impureza dos animais que rastejam, no sentido de que têm um forte contato com o solo, porque também o rato é considerado como rastejador não obstantes suas quatro pernas, é destacada nos v. 31-33 do cap. 11, que contém ainda alguns princípios fundamentais para estabelecer como a impureza passe de objeto para objeto.

> "Todo o objeto sobre o qual cair o cadáver de algum desses animais ficará impuro... deverá ser mergulhado em água e será considerado impuro até a tarde; depois ficará puro."

Como se vê, o impuro passa de um corpo, de um objeto para o outro.

O princípio geral que regula a classificação dos animais em puros e impuros é tirado do que está escrito no v. 41 do cap. 11: "Todo animal que rasteja sobre a terra é coisa abominável". Portanto, totalmente impura é a serpente, depois a lagartixa e assim por diante. Entre os peixes, são impuros aqueles sem escamas. Trata-se evidentemente de uma classificação por analogia: o peixe sem escamas é comparado à serpente. Entre os grandes quadrúpedes são puros, em linha de princípio, os de unha rachada, ou seja: aqueles que têm um contato menos compacto com o solo. Para que um quadrúpede possa ser considerado puro existe ainda uma segunda condição: deve ser um ruminante. Esse princípio tem uma natureza não clara e diferente do princípio geral (*Lv* 11,2-8).

Em relação às aves, o princípio de sua impureza parece fundar-se sobre aquilo que normalmente comemos: são impuras as aves de rapina, isto é, aquelas que comem a carne com o sangue. Entre as coisas sumamente impuras está também o sangue. A carne inclusive dos animais puros deve ser comida somente depois que o sangue estiver escorrido.

Do princípio geral que funda e regula a classificação dos animais como impuros, ou seja, o contato com a terra, pode-se deduzir que a impureza era considerada uma consequência desse contato. Uma vez que já vimos que a terra era sagrada,[3] segue, como consequência, que a impureza devia ser considerada como qualquer coisa ligada ao sagrado. Isso é uma posterior confirmação de que a formulação da categoria, segundo as palavras de Ezequiel e do Levítico, é estrutura paralela e não quiástica: o sagrado está em paralelo com o impuro, e o profano, com o puro. De fato, são ambos danosos ao homem.

As impurezas tratadas até aqui têm sua raiz na sacralidade da terra: sua impureza parece ser somente um sagrado diluído, se se pode dizer assim. Mas existe outra série de impurezas que não sai da sacralidade da terra: é o ciclo vital. Ele se baseia no sangue, onde tem sede a vida ("A vida da carne está no sangue", como atesta *Lv* 17,11). Todas as suas principais manifestações são impuras: é impura a parturiente, o ato sexual e, de qualquer forma, o próprio sexo, que deve ser mantido coberto (cf. o sacerdote no altar de *Êx* 20,26), o cadáver.

---

[3] Cf. *supra*, p. 33-34.

O conceito que poderia servir para unificar essas duas séries de impureza parece ser o de "princípio vital", sentido como pertencente à esfera do divino[4] e presente na fecundidade da terra. O princípio vital pode, quem sabe, ser considerado o motivo unificador dessas duas espécies de impureza. Mas há ainda um terceiro tipo de impureza, sobre o qual retornaremos.

Como nova prova da afinidade existente entre sagrado e impuro, pode-se observar que o impuro é uma força hostil ao homem, analogamente ao sagrado. O que o distingue do sagrado é apenas sua menor periculosidade; o impuro é, por assim dizer, um sagrado diluído. Com efeito, o contato com o que é impuro não mata, mas despotencializa. O hebreu estava atento com o contato com as coisas impuras, sabia que podia contaminar-se só quando não tinha necessidade de todas as suas energias, porque o impuro era despotencializador. Fazer amor com a própria esposa era coisa sumamente lícita, como era dar à luz, mas a liceidade não eliminava a contaminação.

Recordo o episódio de Labão, que, seguindo Raquel e Jacó à procura dos ídolos que lhe tinham sido roubados, deixa de revistar em cima do camelo em que Raquel estava sentada, quando esta o informa que lhe estava acontecendo "a indisposição a que

---

[4] Era ideia difusa no mundo mesopotâmico que só os deuses não morrem. A vida no sentido pleno é prerrogativa somente deles, e prerrogativa zelosa. Pense-se no esforço inútil de Gilgamesh de conseguir a vida e nas últimas palavras que no Gênesis (3,24) descrevem a expulsão de Adão e Eva do paraíso terrestre: "Deus expulsou o homem e pôs, a oriente do jardim de Éden, querubins com a espada flamejante, para guardar o caminho da árvore da vida".

estão sujeitas as mulheres (*Gn* 31,35). Labão está em viagem e tem necessidade de uma especial pureza para enfrentar os perigos: não pode correr o risco de uma contaminação, como a que lhe aconteceria ao contato com a mulher menstruada ou com os objetos tocados por ela.

Se a pureza era importante para o viajante, muito mais o era para o soldado, que deveria estar pronto para enfrentar os inimigos: quando Davi, fugindo de Saul, foi interrogado por um sacerdote de Nob a respeito de seu estado de pureza para poder aproximar-se das coisas do altar, estava em condição de dar as maiores garantias, fazendo observar que estava conduzindo uma expedição militar (*1Sm* 21,5-7): o soldado tinha necessidade do estado de pureza. Uma lei do Deuteronômio (23,10-15) prescrevia que o soldado em estado de impureza devia ser posto longe do acampamento.

No caso de Davi, porém, a preocupação do sacerdote não era a de assegurar-se do estado de pureza de Davi, porque deveria enfrentar inimigos, mas só porque devia acercar-se da sacralidade do altar e das ofertas que estavam em cima dele. O sacerdote está preocupado com a incolumidade de Davi, mas também com a boa ordem das coisas do templo, que a impureza perturbaria. Uma vez que o impuro era considerado despotencializador, é claro que quem tinha a maior necessidade de pureza era quem enfrentava o maior risco. É por isso que era exigida a máxima pureza do sacerdote ou, de qualquer modo, de quem quer que, como no episódio de Davi, devesse aproximar-se de um altar e de suas ofertas. Se, pelo menos na teologia de Ezequiel (*Ez* 44,15ss.) e do Sacerdotal, o leigo não podia ser contaminado pelo suor, o sacerdote em suas funções litúrgicas devia precaver-se até do suor (nada de vestimentas de lã, mas só de linho) e do vinho; isso por motivos não claros (*Ez* 44,17 e *Lv* 6,3-4). O sacerdote tem necessidade da máxima pureza para enfrentar o sagrado, não por estar em sintonia com ele, como poderia parecer ao nosso modo de sentir. Veremos, porém, em seguida, que no tempo de Ezequiel as coisas não eram claras assim como pode parecer por este texto.

Um terceiro tipo de impureza é o derivado da mistura de algumas coisas que não devem ser misturadas. É uma impureza que parece, ao menos à primeira vista, responder a princípios diversos daqueles até agora aqui expostos. Por exemplo: "A mulher não deve usar roupa de homem, nem o homem usará vestido de mulher" (*Dt* 22,5); ou

> "Não semearás em tua vinha duas espécies de sementes diferentes... Não lavrarás com boi e jumento atrelados juntos... Não usarás roupa de tecido misto" (*Dt* 22,9-11).

Talvez a esse tipo de proibições poderia ser aproximado, como qualquer um faz, o mandamento de não cozer o cabrito no leite de sua mãe (*Êx* 23,19; 34,26; *Dt* 14,21), ou de não sacrificar mãe e filho juntos (*Lv* 22,28). Mas se a lei referente ao sacrifício da mãe e do filho juntos ou aquela referente à aração feita com o boi e o asno podem encontrar seu denominador comum na piedade devida também aos animais, denominador que nós chamaríamos ético, é impossível fazer entrar nesse sentimento de piedade uma norma que veta usar vestimentas do outro sexo ou de plantar duas espécies de plantas no mesmo campo. Trata-se de impurezas que derivam do sentido da ordem da natureza das coisas que foi violado: não ter distintas as coisas ou não tê-las cada uma em seu lugar teria sido como voltar àquela falta de forma que é típica da terra sagrada, que, para continuar sagrada, não deve ser tocada em sua falta de forma pela planificação e pela mão do homem.[5] Vimos que a própria agricultura gerava dificuldades. A obra da criação foi essencialmente obra de separação; o que foi separado não deve mais ser misturado. É preciso evitar fundar de novo a sacralidade da natureza indeterminada, ainda não ordenada.[6] Deus fez passar a natureza e as coisas do caos à ordem por meio de separações: contestar a separação não é tanto uma transgressão da vontade divina, quanto um retornar à sacralidade original da terra antes da criação.

---

[5] Cf. o texto de *Êx* 20,23-25, relatado acima, à p. 34

[6] Douglas (*Purezza e pericolo...*) tende a relacionar todo fenômeno de impureza ao conceito de desordem. Para uma crítica a esse conceito do impuro, pelo menos no que se refere ao mundo hebraico, cf. P. Sacchi, *Il puro e l'impuro nella Bibbia: Antropologia e storia*, in "Hen" 6, 1984, p. 65-80.

8. Algum texto discordante acerca da impureza

São atribuíveis, em todo caso foram atribuídos, à época pré-exílica, alguns poucos textos que dizem respeito a uma concepção do impuro diferente daquela com a qual nos encontramos até agora. Como no caso do sagrado, os textos mostram alguma oscilação, interpretando-o como submisso à divindade, ou como mais forte que ela de alguma forma, assim também no caso do impuro, que é análogo ao do sagrado, temos duas concepções diversas.

Se, na maior parte dos textos bíblicos pré-exilicos, no sentido de que falamos de ideias ou fatos anteriores ao exílio, a impureza aparece como força negativa para o homem, mas privada de qualquer conotação ética, existem, todavia, alguns poucos textos que fazem exceção, mas que são recordados pela importância que tiveram no desenvolvimento do pensamento judaico.

Na segunda narração da criação, aquele que tradicionalmente foi ressaltado ao Javista, diz-se que Deus puniu a serpente tentadora condenando-a a rastejar (*Gn* 3,14). Portanto, devia tratar-se de um animal originariamente de quatro patas, que, condenado a rastejar e a meter-se em estreito contato com o solo, se tornou impuro. O animal não havia sido criado impuro; se se tornou impuro, foi por uma condenação. Se a impureza podia ser um castigo, isso significa que era considerada um mal, embora só físico, que na história se identificava com um ser malvado. Essa ideia da impureza devia estar viva nos ambientes leigos e da corte no exílio, se foi colocada por escrito na forma como a temos pelo grupo de R1. Essa ideia não agradava à tradição do Templo, e os sacerdotes que escreveram o primeiro relato da criação deixaram bem claro que a serpente havia sido criada como tal por Deus, que a tinha declarado explicitamente boa (*Gn* 1,25). Nesse caso, a impureza é manifestamente concebida como pura força da natureza absolutamente independente da ideia de mal, entendido como transgressão, ou, como diríamos hoje, como mal em sentido moral.

Mas a ideia da serpente que se torna impura por condenação pressupõe uma concepção do impuro menos neutra, qualquer coisa contra a qual estar de guarda com muito mais atenção. Se esse modo de entender a impureza foi transmitido pela tradição do Palácio, compreende-se bem a profunda intuição do cap. 6 de Isaías: ela nascia em um *humus* favorável e era, por isso mesmo, bem compreensível no ambiente em que foi formulada.

A passagem em questão antigamente não colocava qualquer dificuldade acerca da atribuição ao Primeiro Isaías; hoje há alguma voz dissidente,[1] mas atenho-me à datação tradicional. Construindo a história das várias concepções do puro e do impuro, esta de Isaías, se mudada no exílio ou depois, em todo caso depois do texto da legislação do Sacerdotal, não explica a insistência desta em defender a concepção do impuro como realidade moralmente neutra. Isso pressupõe que a ideia de algum contato do impuro com o que é mau também em sentido moral já existia. De fato, em algum texto da tradição, a impureza apresentava-se como uma realidade negativa de alguma forma ligada à ideia de punição divina e, portanto, de mal. Precisava colocar ordem: havia a impureza casual do recipiente tornado impuro pelo contato fortuito com o cadáver de um animal impuro, havia a impureza da mulher que tinha dado à luz um menino – uma graça de Deus – e havia a impureza de quem tinha comido a carne sem ter escorrido o sangue.

Se o texto pertence a Isaías, isso fez ir por água abaixo as coletas das leis e pode ser considerado um motivo que levou à necessidade de distinguir entre impureza lícita e impureza ilícita. Se, ao contrário, o texto é posterior, foi o tardio relator do texto que tirou suas conse-

---

[1] Cf. C. F. Whitley, *The Call and Mission of Isaiah*, in "JNES" 18 (1959), p. 38-48; R. Knierim, *The Vocation of Isaiah*, in "VT" 18 (1968), p. 47-68, e ainda R. Rendtorff, *Jesaja 6 im Rahmen der Komposition des Jesaiabuches*, in J. Vermeylen (ed.), *The Book of Isaiah* (Bibliotheca ETL 81), Leuven, 1989, p. 73-89. Um caso particular é o de O. Kaiser, que, depois de ter aderido à datação tradicional, preferiu defender a nova datação (*Der Prophet Jesaja, Kapitel 1-12*, Vandenhoek und Ruprecht, Göttingen, 1963, e depois *Isaia [cap. 1-12]*, Paideia, Brescia, 1997). A datação tradicional foi defendida em tempos recentes por J. Blenkinsopp, *Storia della profezia di Israele* (Biblioteca bíblica), Queriniana, Brescia, 1997, p. 130.

quências da existência de impureza lícita e ilícita. No primeiro caso, as ideias de Isaías e do Sacerdotal são explicadas de maneira bastante linear, porquanto Isaías teria feito uma relação entre a transgressão da vontade divina e a despotencialização do homem causadora de uma espécie de impureza, e o Sacerdotal teria claramente tomado distância. No segundo caso, a explicação torna-se menos clara, porque devemos admitir uma tomada de posição do Sacerdotal sem que existissem precedentes que a justificassem, e uma afirmação de Isaías que deveria negar o princípio do Sacerdotal.

Farei, portanto, a exegese do texto de Isaías 6, considerando-o como escrito pelo Primeiro Isaías. De resto, o modo com que Isaías percebe o poder da impureza é mais típico de um mundo do qual ela não foi ainda exorcizada pelas normas das leis, do que de um mundo já submisso à lei dos sacerdotes: o pensamento de Isaías decorre da consciência de quanto seja terrível a impureza para os relacionamentos com Deus. É uma consciência imediata e viva, sobre a qual Isaías medita fora das especulações da legislação sacerdotal.

[1] No ano da morte do rei Ozias,[2] eu vi o Senhor (*Adonay*) assentado num trono grandioso, elevado do solo, e a orla de seu manto enchia o Templo.

[2] Serafins estavam sobre ele.[3] Cada um deles tinha seis asas: duas para lhes cobrir a face, duas para lhes cobrir os pés[4] e duas para voar.

---

[2] Por volta de 740 a.C.

[3] *Sobre ele*: entendo "sobre o Templo", não "sobre Deus".

[4] Eufemismo para "sexo".

[3] E clamavam um para o outro: "Santo (*qadosh*), santo, santo é o Senhor dos exércitos; a terra inteira está cheia de sua glória".

[4] Os umbrais das portas tremeram; e o templo se encheu de fumaça.

[5] Pensei: "Ai de mim, estou perdido, porque meus lábios são impuros (*tame'*) e vivo em meio a um povo de lábios impuros; e, enquanto estou nesse estado,[5] meus olhos viram o Rei, o Senhor dos exércitos".

[6] Um dos serafins voou até mim, trazendo na mão uma brasa que tinha tirado do altar com uma tenaz.

[7] Ele me tocou a boca com ela, dizendo:

"Eis, isto tocou teus lábios: tua culpa foi afastada. Tua transgressão (*chatta'ah*) foi expiada".

[8] Ouvi a voz do Senhor (*Adonay*) que dizia: "Quem enviarei? Quem irá por nós?" E eu respondi: "Eis-me aqui. Envia-me!" (*Is* 6,1-8).

Isaías tem uma visão que esconde e transmite, ao mesmo tempo, profundos significados teológicos e religiosos. Se mitos arcaicos, bíblicos e não bíblicos, testemunham a existência de intuições referentes à realidade do mundo e da vida, esta visão de Isaías transforma em imagens um pensamento que mostra exigências e finalidades muito semelhantes a nosso pensamento, que nos acostumamos chamar de discursivo. Esta situação facilita

[5] *Enquanto estou nesse estado:* restituo, assim, o *ki* causal hebraico, que se refere a toda a frase precedente e procura explicá-la, mas em italiano se entende mal.

o procedimento. O problema moderno é passar da imagem, ou, exatamente, da cena como neste caso, ao pensamento abstrato e discursivo que nos é próprio. De qualquer modo, a ligação entre a cena e o pensamento abstrato é imediata: não há necessidade de criar qualquer interface (perdoem-me a linguagem informática) entre imagem e o pensamento moderno.

Por um lado, Isaías afirma que o sagrado não é senão a essência, ou ao menos o atributo fundamental, do divino: Deus é três vezes santo. E com isso aproxima-se daquela tradição hebraica da qual deriva o texto de *Êx* 24,9-11, aquele que conta como alguns privilegiados, ou seja, eleitos de Israel, puderam ver Deus, porque havia suspendido a força do sagrado que dele emanava. É a tradição que imagina a aliança que liga Deus a Israel não como estipulada pelo sangue, mas por um banquete realizado em comum. A força do sagrado é tremenda, mas é controlada por Deus; nesse sentido, a visão das coisas, de Isaías, é tranquilizante. Quando Isaías percebe que está na presença de Deus, em um primeiro momento teme por sua vida, mas depois descobre que a força do sagrado não é cega, porque é a ação de Deus. A purificação acontece quando Isaías já sabe estar na presença do divino, e a cena nos introduz em um problema diferente daquele do sagrado que mata.

Por outro lado, a mensagem de Isaías une, às fontes de impureza que todos já conhecem, uma fonte nova: é a transgressão da vontade divina, o pecado. Mas, se o pecado contamina, isto é, produz uma impureza no homem, é preciso que na impureza exista qualquer coisa de maligno, devida ao menos a uma de suas fontes. A impureza assume assim um aspecto conturbador: já não é um fato físico a ser enfrentado com as devidas cautelas. É algo que é intimamente inimigo de Deus.

Dada a estrutura do discurso tal qual se desenvolveu até aqui e dados os efeitos da impureza no relacionamento com o sagrado, como os notamos, esperaríamos que o discurso continuaria com a lógica pela qual foi motivado, ou seja, que se dissesse que a impureza de Isaías fora tirada. É preciso, porém, reconhecer que na fraseologia de Isaías há qualquer coisa de incomum, qualquer coisa de particular. Isaías disse estar em estado de impureza, mas usou uma expressão mais vaga: disse ser "um homem de lábios impuros". Essa expressão parece indicar mais um aspecto de sua natureza que um estado ocasional seu. A menção dos lábios, se considerada no plano literário, serve para ligar essa passagem à seguinte, aquela em que Isaías recebe a missão de falar a Israel; se lida no contexto imediato, produz um efeito particular, porque não existe nenhuma ocasião que gere a impureza só dos lábios. Isaías introduz assim seu discurso teológico.

O discurso prossegue, então, sem mais mencionar a impureza. O ser celeste, que se aproximou de Isaías para remover o obstáculo da impureza, declara inesperadamente não que a impureza foi tirada, como esperaríamos da continuação plana do discurso, mas diz: "Eis, (o carvão em brasa) tocou teus lábios: tua culpa foi afastada (*sar*), tua transgressão (*chatta'ah*) foi expiada". Parece claro que *'awon* e *chatta'ah*, na imagem/pensamento de Isaías, são considerados ligados à impureza, paralelamente a todas as fontes de impureza que a tradição conhecia. Para tirar a impureza, o ser celeste tira *'awon* e *chatta'ah*.

Mas as imagens com as quais os dois conceitos são introduzidos são diversas; antes, no caso da transgressão, não há imagem, mas conceito abstrato. De sua transgressão, Isaías diz que foi expiada. Era uma ideia comum, que o profeta simplesmente evoca. Nessa expressão, o pensamento não se transforma em imagem. Quando, porém, Isaías fala da culpa, *'awon*, cria uma imagem: a *'awon* foi afastada. Temos a imagem de uma coisa que vai embora, uma *coisa*, que antes existia e agora não existe mais. É uma linguagem que se adapta bem à imagem que um hebreu podia ter da impureza: uma realidade que a purificação tirava do indivíduo.

Em termos modernos, poderíamos dizer que a transgressão havia gerado no homem Isaías um conceito *'awon*, que devia ser tirado, afastado. Esta operação equivalia a uma purificação. Transgressão e culpa geram no homem algo de semelhante à impureza ou, precisamente, uma forma de impureza. Esse modo de sentir é novo em Israel, e continuará por longo tempo também único.

Nisso está a novidade perturbadora de Isaías: a transgressão deixa no homem qualquer coisa de semelhante à impureza, enquanto impede de estar diante de Deus. Essa qualquer coisa tem necessidade de ser expiada, enquanto *chatta'ah*, e de ser removida, enquanto *'awon*. Mas, para que a *'awon* possa ser removida, é preciso que o pecado já tenha sido expiado. Impureza, culpa e transgressão não se identificam, mas há algo que as liga estreitamente entre si, são uma espécie de conjunto, que depende de um ato primeiro, a *transgressão*; esta produz no homem uma marca chamada *'awon* por Isaías, que gera a impureza ou é, isso mesmo, qualquer coisa de muito semelhante à impureza. É pela presença da *'awon* que Isaías sabe estar em estado de impureza e exposto aos riscos dessa presença.

Este *quid* que a transgressão deixa no homem pode hoje ser chamado de "mancha", e o vocábulo, com sua concretude, devolve bastante bem também a imagem antiga. É difícil estabelecer hoje como os antigos hebreus sentiam o verbo expiar (*kfr*), que para nós indica uma ação claramente abstrata. Talvez, para eles era mais concreta, era um raspar fora. Mas, no uso de Isaías, parece razoável pensar que o pecado fosse já um conceito abstrato, que, para ser compreendido, tinha necessidade de seu substituo concreto, a *'awon*. Com Isaías, a impureza, enquanto ligada à transgressão, torna-se um conceito que pode encher-se , como de fato se encherá, de valores morais. Em tudo isso existe *in nuce* o conceito cristão e agostiniano de pecado, que não é apenas transgressão.

Esse conceito de *'awon* ligado ao impuro terá seu desenvolvimento máximo no essenismo.

Portanto, também a consequência do pecado pode ser considerada uma *res*, de maneira análoga à impureza. Se a consequência do pecado é algo de objetivo, assim também o pecado poderia existir, diria, objetivamente, fora do homem. Com efeito, há uma passagem que pode ser interpretada nesse sentido: é *Gn* 4,7. Essa passagem é muito incerta e tem gerado muita dificuldade à tradição textual, que nos Setenta dá um significado completamente diverso do hebraico: foi inteiramente refeito sem que se chegue a uma verdadeira e própria ideologia diferente, como acontece às vezes nas variantes mais notáveis dos Setenta. Seja o que for que significasse o texto hebraico quando foi escrito, ali aparece clara a imagem do pecado como realidade autônoma, algo de monstruoso, "cujo instinto é voltado para o homem", e o significante hebraico que traduzi como "instinto" é *teshuqah*, o mesmo usado para indicar o impulso sexual da fêmea para o macho. O pecado parece existir também fora do homem, realidade autônoma que deseja unir-se a ele como a mulher ao homem. Pode-se pensar que nesse caso se trate apenas de uma imagem literária; pode ser, mas fica que a fantasia de um hebreu pôde imaginar o pecado como qualquer coisa de externa a ele, tendo uma sua autonomia e realidade, e que, em todo caso, a culpa pôde ser considerada por qualquer hebreu uma *res* ligada á impureza, enquanto, como esta, afastável.

9. A Legislação Sacerdotal

Baseados no quadro que traçamos, podemos afirmar que, no pensamento de Israel anterior ao exílio, a concepção do sagrado era unitária no conjunto. O fato de existirem incertezas acerca da dependência ou não da divindade, nada diminui no modo como era concebido: uma força tremenda capaz de anular o profano. As dúvidas e as consequentes incertezas no comportamento deviam referir-se aos objetos sagrados: os textos bíblicos que mencionamos, aquele dos pais de Sansão e o de Isaías, falam sempre de visão imediata da divindade. O caso de Oza é exceção. Se pensamos na difusão do culto das assim ditas alturas, para as quais se podia subir e sobre as quais estavam os símbolos da divindade masculina e feminina, é lícito pensar que a aproximação dos objetos sagrados não fosse, normalmente ao menos, considerada tão temível como se deduz da narração sobre Oza. As tradições javistas devem ter calcado a mão ao pintar quanto o deus de Israel era terrível. Também o sacerdócio, em todo caso, tinha interesse em regular a relação do homem com o sagrado, relevando-lhe o *tremendum*.

Pelo que toca à impureza, a situação devia ser ainda mais

fluida. De um lado, existia a tendência de ligar o impuro, enquanto negativo para o homem, com a ideia de mal (mesmo no sentido ético que nós hoje podemos dar ao termo); de outro, esforçou-se por incluir a impureza, considerada em todo caso como coisa realmente existente, em um sistema que a tivesse sob controle sem identificá-la ou assemelhá-la com o mal.

O valor genericamente negativo da impureza, capaz de dar vida a certas expressões metafóricas como aquela de Oseias que vê os exilados comendo um alimento impuro,[1] podia levar a visões pessimistas da vida, em que toda impureza fosse considerada negativa: era preciso explicar, ou, de qualquer forma, ordenar em um sistema coerente toda a série das impurezas, estabelecendo o que produzisse efetivamente impureza e, em todo caso, como era preciso comportar-se diante das coisas impuras, algumas das quais podiam ser evitadas sem qualquer dano à sociedade, enquanto outras, como a procriação, não podiam ser evitadas de modo algum. Havia, pois, que se regular todo o sistema das purificações para evitar, de um lado, os abusos, de outro, temores infundados.

O ambiente que procurou dar uma formulação estruturada a todas as crenças tradicionais referentes ao sagrado e ao impuro foi aquele dos sacerdotes de Jerusalém, que, levados para o exílio, viveram em uma sociedade que se tornou hebraica e foi suficientemente rica para poder permitir a alguns deles dedicar-se ao estudo e à escritura. Estes tinham começado sua obra certamente já antes do exílio, mas foi durante que levaram o sistema a uma

[1] Os 9,3: "Na Assíria comerão comidas impuras".

forma bem organizada que, em seu conjunto, se enquadra na obra culta legislativa. À parte os elencos de animais impuros, a legislação referente à impureza e às relativas purificações desenvolveu-se dentro da legislação geral. Em outros termos, a Bíblia não conhece nenhuma terminologia para indicar grupos de leis diante de outros. Não existe, por isso, nenhuma expressão que possa caracterizar as normas de pureza como leis particulares.

O conceito de normas de pureza como grupo de leis com suas características particulares nasceu só por volta do séc. II a.C., quando o autor da *Carta de Aristeu*, um hebreu que vivia em estreito contato com a cultura grega, mostrou ter consciência da particularidade das leis referentes à pureza. Esse conceito serviu-lhe para caracterizar e indicar a parte da legislação hebraica que não encontrava paralelo algum junto aos gregos, os quais admiravam o monoteísmo hebraico, mas gostariam de explicações sobre os motivos que podiam ter levado o legislador a proibir comer peixe sem escamas ou ordenar purificações especiais para quem tinha sepultado um cadáver.

Se o conhecimento de algumas interpretações arcaicas da impureza e do pecado tiveram como sobreviver ao tempo do exílio, deve-se à cultura da corte exilada, que, mesmo conhecendo bem os conceitos de sagrado e de impuro, todavia não se preocupou de estruturá-los em um sistema unitário, racionalmente válido para seu tempo.

Os primeiros profetas (fim do séc. VIII a.C.) tinham insistido sobre a necessidade de fazer o bem, porque a ira da divindade acende-se contra aqueles que praticam o mal. É um discurso que usa as imagens de mal e de bem evidentemente segundo o senso comum da moral do tempo e sem se preocupar em indicar os conteúdos efetivos de bem e de mal, a não ser de maneira muito genérica. Escreve Amós (5,14-15): "Procurai o bem e não o mal se quereis viver... Odiai o mal e amai o bem". Nesta fase não existem normas referentes à esfera da pureza. Isso confirma que o impuro era considerado uma coisa ou uma força, de per si nem boa nem má, da qual era oportuno guardar-se por ser despotencializadora, mas sem complicações morais. Se Labão evitou tocar Raquel (*Gn* 31,35), não foi por respeitar uma norma, mas só por medo.

O ambiente sacerdotal procurou colocar ordem nas concepções morais de Israel dando conteúdos objetivos aos conceitos genéricos de bem e de mal. Ou seja: desenvolveu a legislação. Nessa operação, buscou estruturar em um sistema coerente também todas as crenças relativas à sacralidade e à impureza. Daí o empenho fundamental para o sacerdote de ensinar a distinguir entre impuro e puro, entre sagrado e profano.

10. O princípio geral do comportamento humano

A sacralidade divina

Com efeito, todo o pensamento moral do Sacerdotal vem de um conceito central, a sacralidade de Javé: "Eu sou santo". Veja-se, por exemplo, *Lv* 19,2: "Sede santos por que eu, Javé, vosso Deus, sou santo". Essa concepção é expressa em sua inteireza em *Êx* 19,5-6, texto seguramente do Sacerdotal:

> "Pois bem, se ouvirdes atentamente minha voz e guardardes minha aliança, sereis entre todos os povos meu tesouro particular, porque toda a terra é minha, e vós sereis para mim um reino de sacerdotes e uma nação santa".[1]

[1] O texto dos Setenta, que muda a posição dos termos e faz do reino de sacerdotes, obviamente em referência a todos os hebreus, um sacerdócio de rei, é certamente posterior ao texto hebraico: reflete a situação pós-exílica do sacerdócio ao poder.

Cria-se assim uma grande ambiguidade, porque Israel foi inserido audazmente na esfera do sagrado, que, entretanto, continua letal ou ao menos perigoso para o homem. Vejam-se, a propósito, todas as precauções que Ezequiel propõe para precaver-se do contato com o sagrado (*Ez* 44) e como dispõe todos os hebreus sobre uma escala de valores dependentes da capacidade de cada um de enfrentar o sagrado. O conceito de sagrado, enquanto não mais aplicado a uma força cósmica, está mudando, ou pelo menos podem-se ter dele novas interpretações. O sagrado começa a penetrar na esfera do humano, isto é, do profano.

A sacralidade, entendida assim, para indicar um estado de pertença a Deus não segundo o princípio da criação, mas por uma intervenção sua na história, é qualquer coisa que distingue os homens entre si de acordo com a quantidade de sagrado que cada um possua. Cria-se uma escala de valores humanos que vai do mais sagrado, ou menos impuro, para o menos sagrado, ou mais impuro. Cada degrau inferior é impuro em relação ao superior, com uma lógica que, se levada às extremas consequências, como o judaísmo fez então, cria-se uma escala de valores pela qual, em um extremo, está o sacerdote no degrau mais alto e, no extremo oposto, está o pagão.

Nessa ambiguidade do sagrado era impossível não estar envolvida também a interpretação do impuro. O impuro, de alguma forma semelhante ao sagrado, enquanto despotencializador, impedia de fato o contato com o sagrado, isto é, com Deus; acabava assim por encher-se dos valores negativos vistos na narração da condenação da serpente em Gênesis, e que encontramos desenvolvidos em Isaías. Se era uma abominação comer a carne com o sangue, não eram abominação nem o sangue menstrual nem o da parturiente. A legislação devia necessariamente distinguir entre impurezas lícitas e impurezas ilícitas.

Com isso, nascia um novo valor da categoria "Sagrado/profano – impuro/puro", que estava inserida na esfera da ética, enquanto controlada pela Lei. Assim, impuro, como tal, continuava coisa puramente física, enquanto o valor moral se colocava sobre a transgressão ou não dos mandamentos referentes ao comportamento nos confrontos com as coisas impuras. O peixe sem escamas não se devia comer: essa impureza devia ser evitada. O cadáver não podia certamente ser abandonado, mas quem tinha entrado em contato com ele devia depois purificar-se. Era preciso, portanto, criar um sistema de purificações obrigatórias para todos os casos em que a contaminação era lícita. A transgressão, nesse caso, começava só com a omissão da purificação requerida.

A categoria das coisas impuras está, assim, submissa à Lei. Isso significava excluir que na impureza houvesse, de per si, qualquer coisa de mau. Os animais que rastejam, como já visto (*Gn* 1,25), são explicitamente declarados bons pela corrente do Sacerdotal, em polêmica com o que se transmitia nos ambientes da corte, mesmo que fosse formalmente proibido comer deles. Ao contrário, do parto, sumamente legítimo, bastará purificar-se. O rito do "voltar ao sagrado", em uso na igreja católica até o concílio Vaticano II, é a continuação direta dessas prescrições da Lei Sacerdotal.

Veja-se a estrutura do Código de Santidade (*Lv* 17-26). Moisés enuncia ali princípios e normas fundamentais para Israel. Primeiro, dá normas referentes ao sacrifício; depois, proíbe comer carne com o sangue, inclusive aos estrangeiros que se encontrem em Israel (17,11), proíbe o incesto, aproximar-se de mulher menstruada, cometer adultério, alterar as balanças; roubar, mentir, fraudar, jurar falso, para não profanar o nome de Deus. Deve-se amar o próximo como a si mesmo; não precisa semear no campo duas espécies de sementes diferentes... (*Lv* 17-19).

Como se vê, as normas referentes à pureza estão misturadas e não distintas daquelas que nós chamamos éticas; o valor de umas e de outras depende da mesma vontade divina. A distinção entre as duas esferas, a das normas éticas e das normas de pureza, é decididamente um problema nosso, porque temos atrás de nós a experiência que o próprio judaísmo fez entre os séc. II a.C e I d.C.

Por outro lado, a concepção do pecado que teve o Sacerdotal é claramente diversa da de Isaías. Para o Código de Santidade, pecar é transgredir a vontade divina, que se explica nitidamente na Lei: pecar leva à profanação do Nome.[2] Ao contrário, para Isaías pecar é, sim, transgredir a vontade divina, mas o que leva a isso é nossa impureza, a incapacidade humana de estar diante do divino. O Código de Santidade veta a transgressão, também para o que se refere ao impuro. Isaías vê, como grave consequência da transgressão, precisamente a impureza. Isaías foi à raiz de uma concepção da moral muito diversa da do Código de Santidade, do Sacerdotal e do Deteronômio. Embora sua ideia tenha ficado por muito tempo improdutiva em Israel, todavia estava cheia de consequências para aqueles períodos da história de Israel, nos quais se perdeu o sentido da clara distinção entre sagrado e profano, entre impuro e puro.

[2] Cf. *Lv* 18,21: "Não profanarás o nome de teu Deus".

11. Ezequiel e sua coerente teologia do sagrado

Se o Código de Santidade nos forneceu um quadro coerente da concepção do impuro que se tinha nos ambientes do Sacerdotal, Ezequiel nos dá uma sistematização orgânica de toda a categoria do "sagrado/profano – impuro/puro", especialmente no cap. 44 do livro que leva seu nome.

> "Assim diz o Senhor Javé: 'Muitas são as abominações que cometestes, ó casa de Israel: introduzistes em meu santuário, profanando-o, estrangeiros incircuncisos no coração e no corpo...'
>
> Assim fala o Senhor Javé: 'Nenhum estrangeiro, nem mesmo dentre os que habitam no meio de Israel, entrará em meu santuário, porque é incircunciso no coração e no corpo...'" (*Ez* 44,6-9).

Esta norma de Ezequiel representa uma restrição em relação tanto ao Código de Santidade que admitia que o *ger*, ou seja, o estrangeiro que vivia em Israel, cumprisse sacrifícios a

Javé (*Lv* 17,8),[1] quanto à legislação sempre Sacerdotal de *Nm* 15,14-15.[2] Que, pois, Salomão, em sua oração a Javé, escrita em ambientes do Palácio, contemplasse também os estrangeiros que vinham a Jerusalém render homenagem a Javé, é mais que óbvio, dada a ideologia da corte no exílio (*1Rs* 8,41-43), que mirava administrar, mais que os hebreus, todos aqueles que se encontravam no território da Judeia.

Com Ezequiel, que viveu na Mesopotâmia, o estrangeiro tornou-se manifestamente impuro, mas também os leigos hebreus eram impuros em relação ao sacerdote.

> "[Os sacerdotes], quando entrarem pelas portas do átrio interno, vestirão roupas de linho; não usarão nenhuma roupa de lã quando exercerem o ministério nas portas do átrio interno do templo.[3] Usarão na cabeça turbantes de linho e, sobre os rins, calções de linho; não se cingirão com nada que provoque o suor.[4] Quando saírem ao pátio externo em direção ao povo, tirarão as vestes com as quais

---

1 "Todo homem, hebreu ou estrangeiro *(ger)* que mora no meio deles, que deseja oferecer um holocausto ou qualquer sacrifício...".

2 "Se um estrangeiro *(ger)* que reside convosco, ou qualquer outro que se encontrar em vosso meio nas gerações futuras, quiser fazer uma oferenda queimada em perfume agradável a Javé, fará como vós fazeis. Haverá uma só norma para toda a comunidade...".

3 *No templo*: o texto hebraico apresenta uma forma de movimento em lugar que não se justifica. A conjetura não é perceptível em italiano.

4 *Não usarão vestimentas que provoquem suor*: o texto hebraico diz simplesmente: "Não se cingirão de suor". Independentemente da necessidade de provocar conjeturas, o pensamento do autor parece claro.

oficiaram e as depositarão nas celas do santuário; usarão outras vestes para não comunicar, com as vestes (litúrgicas), a consagração[5] ao povo" (*Ez* 44,17-19).

Entre sagrado e profano existe um limite topográfico bem preciso, marcado pelas portas do átrio interno do templo. Além da linha de demarcação, a sacralidade chega a um nível que o profano não consegue suster, mas já o profano que está fora da porta do templo é mais sagrado em relação ao pagão, que não poderá de forma alguma avizinhar-se do templo.

O sacerdote que se prepara para oficiar deve deixar as vestes profanas fora das portas do átrio interno, para não levar consigo qualquer impureza, que o exporia a gravíssimos perigos: até o suor que nunca contamina o leigo em ocasião alguma da vida pode tornar um sacerdote momentaneamente inapto ao culto. Quando o sacerdote sai novamente para o meio do povo, deverá deixar no templo as vestes litúrgicas, para não contaminá-lo. Em relação a Deus, teríamos a profanação; em relação ao homem, a contaminação, derivada de um grau de sacralidade superior àquele que o povo comum pode suportar. O uso, portanto, da expressão "tornar sagrado" é a mesma usada pelo Deuteronômio para indicar a vinha na qual foram semeadas plantas diferentes da videira.[6] Tornar sagrada uma coisa é torná-la perigosa para o homem: é como torná-la, em relação ao homem, impura.

---

[5] *Piel* da raiz *qdsh* "ser santo".

[6] Ver p. 53-54.

A terminologia usada nessas passagens mostra também, por esse caminho, como entre sagrado e impuro existia certa homogeneidade. "Tornar sagrado" equivale a "tornar impuro", "contaminar". De maneira diversa, mas com os mesmos resultados, as vestes litúrgicas do sacerdote, durante os ritos, tornam-se carregadas daquela sacralidade que o povo dos leigos comuns não estaria em condição de suportar. No caso da vinha, temos uma impureza não necessária, que deve ser simplesmente evitada. No caso dos ritos do templo, a sacralidade não é evitável; mas então devem ser tomadas todas as precauções para evitar a catástrofe. Um eco ainda atual dessa teologia do sagrado tem-se na expressão da liturgia católica da missa "purificar o cálice". Nesse caso, o cálice, tornado sagrado pelo contato com o vinho – sangue de Cristo –, para retornar ao uso cotidiano e ser manejável também por um leigo, deve tornar a ser "puro".

12. O cosmo sagrado de Ezequiel

A concepção que Ezequiel teve do sagrado derivava das antigas tradições hebraicas, mas nutriu-se de ideias que Ezequiel tirou da grande cultura babilônia, na qual os hebreus do exílio mesopotâmico se encontraram imersos.

Na obra de Ezequiel, há um elemento característico: encontram-se ali quatorze datas que compreendem ano, mês e dia. Dessas quatorze datas, exatamente treze referem-se a suas profecias. Procuremos entender esse interesse de Ezequiel em datar suas profecias até com o dia do mês. Por que essa precisão? Ezequiel era dominado por um grande interesse histórico em relação a suas profecias, ou o fato de que uma profecia acontecesse em um dia e não em outro tinha um valor especial reconhecido não só por ele, mas também por todos aos quais era destinada? A décima quarta data não se refere a uma profecia, mas a um acontecimento particularíssimo, a chegada da notícia da queda de Jerusalém no ano de 587. É notável, além disso, que os meses não são indicados por Ezequiel nem segundo os nomes pré-exílicos,[1] nem segundo os nomes babilônios, como mais tarde farão os hebreus. Ezequiel chama os meses segundo sua ordem numérica.

Se lemos as datas de Ezequiel de acordo com aquele calendário, dito solar, tal qual será o dos henóquios e dos essênios e no qual os meses são indicados precisamente com os números ordinais, obteremos resultados verdadeiramente interessantes. Já Annie Jaubert,[2] de quem sigo aqui a hipótese, tinha notado o fenômeno. Aqui, procurarei esclarecê-lo, caracterizando os pressupostos que o permitiram e que estavam fora dos interesses de Jaubert, que procurava apenas explicar o problema das divergências existentes entre os sinóticos e João na datação da última ceia de Jesus.

O calendário solar posterior, como aparece nos textos de Qumran e em outras partes, pressupõe um ano normal de 364 dias, com doze meses, divididos em quatro grupos correspondentes aos espaços entre os equinócios e os solstícios. Os meses são todos de 30 dias, exclusive os finais de cada período, isto é, o terceiro, o sexto, o nono e o duodécimo, que têm 31 dias. Os solstícios e os equinócios caem sempre no trigésimo primeiro dia dos meses com trinta e um dias. Como consequência, o primeiro do ano caía sempre no mesmo dia da semana, que na realidade era uma quarta-feira, o dia em que Deus criou as luminárias do céu e, consequentemente, a possibilidade de mensurar o tempo.

---

[1] São conhecidos apenas quatro nomes de meses segundo o calendário pré--exílico: *abib* (*Êx* 13,4), *ziv* (*1Rs* 6,1), *etanim* (*1Rs* 8,2), *bul* (*1Rs* 6,38).

[2] A. Jaubert, *La date de la Cène*, Gabalda, Paris, 1957.

Como se deduz do *Livro da Astronomia*,[3] esse calendário de 364 dias deriva de um mais antigo, idêntico na estrutura, mas baseado em uma filosofia diversa. Uma vez que essa forma de calendário, sempre de 364 dias, é mais antiga, essa era a forma que conheceu Ezequiel e que provavelmente nasceu em seu próprio ambiente. Nessa fase mais antiga, o ano solar era dividido em doze meses de trinta dias cada um, deixando fora do cálculo os quatro dias correspondentes aos equinócios e aos solstícios: por isso, o ano "verdadeiro" era de 360 dias, aos quais era preciso acrescentar 4, que estavam fora do cálculo normal. Os quatro dias fora do cálculo eram os dias dos solstícios e dos equinócios. Esse elemento, aparentemente marginal, se o ano tivesse 364 dias, ou 360 dias + 4, é muito importante, como veremos. Nesse calendário, o dia forte da semana era a quarta-feira, dia dos grandes inícios, dia da criação dos astros e, portanto, da medição do tempo, dia da celebração das maiores festas de Israel, como a Páscoa.

Além disso, nesse calendário, grande importância devia ter o sábado, então entendido como o sétimo dia da semana, que repetia o repouso de Deus.[4] O sábado era portanto o dia sagrado da semana: o tempo do sábado era um tempo qualitativamente

---

[3] Cf. P. Sacchi, *I due calendari del Libro dell'Astronomia*, in *"L'apocalittica giudaica e la sua storia"*, Paideia, Brescia, 1990, p. 173-186. Sobre a sobrevivência do Calendário de 360 dias + 4 nos cálculos numéricos do livro de Daniel, cf. G. Boccaccini, *The Solar Calendars of Daniel and Enoch*, in J. J. Collins e P. W. Flint (curadores), *"The Book of Daniel: Composition and Reception"*, Brill, Leiden, 2001, p. 311-328.

[4] Para a passagem do sábado, como dia da lua cheia, a sétimo dia da semana, cf. A. Lemaire, *Le sabbat à l'époque royale israélite*, in "RB" 80, 1973, p. 161-185; veja também G. Bettenzoli, *Lessemi ebraici di radice – shabbat –*, in "Hen" 4 (1982), p.129-162, e Id., *La tradizione del Shabbat*, in "Hen" 4 (1982), p. 265-293.

diferente do dos outros dias. A religiosidade de Ezequiel mostra como essa diferença não era um fato meramente litúrgico, mas era uma realidade cósmica, à qual o homem podia adequar-se ou não se adequar, mas que existia como parte da estrutura do cosmo, estrutura unitária, como uma era a divindade.

O cálculo semanal do tempo unia-se perfeitamente ao calendário solar, porquanto 364 é divisível por 7, como o é também o número 91, a duração de cada uma das quatro estações.

Das treze datas, em nove casos o texto é seguro, no sentido de que toda a tradição, hebraica e não hebraica, é concorde.

As datas com os respectivos dias da semana são:

– 5/IV domingo (*Ez* 1,1);
– 12/4 domingo (*Ez* 3,15-16);
– 10/V domingo (*Ez* 20,1);
– 10/X sexta-feira (*Ez* 24,1);
– 1/I quarta-feira (*Ez* 29,17);
– 7/I terça-feira (*Ez* 30,20);
– 1/III domingo (*Ez* 31,1);
– 1/XII domingo (*Ez* 32,1);
– 10/VII sexta-feira (*Ez* 40,1).

Todas essas nove datas referem-se a profecias de Ezequiel, inclusive a de 10/X, que é a data do início do cerco de Jerusalém, mas a data é fornecida como revelação durante uma visão. É considerada, porém, como uma profecia ao lado das demais. Temos, portanto, os seguintes resultados: as profecias aconteceram cinco aos domingos, uma na quarta-feira, duas na sexta-feira, e uma na terça-feira. À parte a terça-feira, que é um dia comum, vemos que a quarta-feira é o dia forte da semana, e a sexta-feira e o domingo são os momentos em que se entra e se sai da sacralidade do sábado. A vizinhança do tempo sagrado – não sua presença – permite ou ao menos favorece a visão: o primeiro e o sexto dias são contíguos ao tempo de Deus.

Se passamos das datas confirmadas por toda a tradição às com variantes, temos os seguintes resultados, que podem bem ser enquadrados no mesmo esquema.

A data de 8,1 é 1/VI, isto é, um domingo: o exemplo é do Código Hebraico Petropolitano contra um 5/VI, quinta-feira, do Texto Masorético *receptus*, e o 5/V, terça-feira, dos LXX.

A datação em 26,1 mostra a queda do número do mês em toda a tradição, sobrando só o número do dia. Tratando-se de um primeiro do mês, temos só três dias da semana como possíveis, e são: a quarta-feira (meses I, IV, VII, X), a sexta-feira (meses II, V, VIII, XI) e o domingo (meses III, VI, IX, XII).

A data que aparece em 29,1, tem, no Texto Masorético, 12/X, domingo, mas, nos LXX, temos 1/X, que é uma quarta-feira.

A data que aparece em 32,17 é, no Texto Masorético, 10/V, que é ainda um domingo, mas nos LXX é mais uma vez uma quara-feira: o 5/1.

A data que aparece em 33,21 (5/X) refere-se à chegada, até Ezequiel, da notícia da queda de Jerusalém, e não tem valor em nosso discurso. De qualquer forma, no Texto Masorético 5/X é mais uma vez domingo, enquanto nos LXX é o 5 do XII mês, que era uma quinta-feira.

Se excluirmos a data da chegada da notícia da queda de Jerusalém, fica evidente a preponderância dos dias fortes da semana e, em particular, do domingo, como dias adaptados às profecias. Interessante é também o caso das variantes de 29,1 e 32,17, em que a alternância entre Texto Masorético e LXX corresponde à alternância domingo/quarta-feira. Parece, portanto, que a existência de dias da semana particularmente sagrados e, portanto, adaptados à manifestação do sagrado, pudesse guiar conjeturas no caso de dificuldades de leitura do modelo manuscrito. Os LXX, devido a incertezas, optaram pela quarta-feira.

A estrutura desse calendário de 360 dias mais quatro fora do cálculo remonta à ciência mesopotâmica, em que um calendário de 360 dias, composto de doze meses todos de trinta dias, existia já no tempo de Ebla,[5] só que não tinha os quatro dias epagômenos.[6] Inseria-se um mês epagômeno a cada certo número de anos para aproximar o calendário usado pela sociedade ao ritmo da natureza. A filosofia desse calendário era puramente prática.

O calendário de Ezequiel tem uma filosofia diferente; é indicado normalmente como calendário solar, mas, na realidade, tratava-se de um calendário que deve ser tido como calendário cósmico, calendário "verdadeiro", estreitamente ligado à estrutura física do cosmo e capaz, portanto, de interpretá-la. Os 360 dias do ano solar correspondem aos 360 graus do horizonte. E como os 360 graus do horizonte são divididos em doze partes, baseando-se nas estrelas (depois se

---

[5] Cf. G. Pettinato, *Ebla* (Ensdaio 129), Mondadori, Milano, 1979, p. 141.

[6] Chamam-se "epagômenos" ou "embolíminos" os meses ou os dias juntados ao cálculo normal do ano.

tornarão os signos do zodíaco), assim os meses estão ligados às mesmas estrelas: tempo e espaço são duas manifestações de uma realidade única, que podemos chamar "cosmo", a ser entendido como o espaço compreendido em sua extensão temporal.

O cosmo era, para Ezequiel, uma realidade feita de espaço e de tempo. Como sobre a terra havia o espaço sagrado do templo, também no céu existiam os espaços sagrados que se repetiam iguais a cada sete dias em correspondência aos sábados. Quando o homem, na rotação dos corpos celestes, aproximava-se do sábado, ou quando o tinha imediatamente a suas costas, podia ver e ouvir coisas colocadas além do espaço físico e profano. O sagrado de Ezequiel é ligado a Deus como o do cap. 6 de Isaías, do qual já se falou, mas Ezequiel capta do sagrado mais o poder que o temor.

Ezequiel aceitou um calendário com dias fixos e o adaptou a sua teologia em que a semana tinha a máxima importância, o ciclo de sete dias que culminava no sábado, cujo tempo era diferente do dos outros dias: era tempo sagrado. A semana não era, para Ezequiel, apenas um período de sete dias, era a projeção terrena da estrutura cósmica, era o sinal tangível da criação, cujo milagre reproduzia de alguma forma. O sagrado, de força tremenda do cosmo, mas indeterminada, de força de alguma forma adversa ao homem, estruturou-se em um sistema que o tornava de algum modo vivível pelo homem e revelava-lhe o esplendor de Deus no universo.

Não sou capaz de penetrar os complexos mistérios dos cálculos antigos que os modernos reproduzem a partir de Strassmaier, Epping e sobretudo de Kugler,[7] e do recente *Livro da Astronomia*, de Glessner,[8] que usa até documentos antes ignorados. Mas a relação entre tempo e espaço aparece com toda evidência e se baseia sobre a relação 1 (um) existente entre o número dos dias e os graus do horizonte, claramente indicados como dias, porque o céu divide-se em doze partes correspondentes aos doze signos do zodíaco, que encontram seu correspondente no cálculo do tempo. Espaço e tempo não são duas entidades independentes uma da outra, mas são duas coordenadas que medem duas dimensões da única realidade cósmica.

A concepção de Ezequiel do espaço e do tempo, que tem valor metafísico, funda-se sobre dois tipos de conhecimento ou de tradição, aquela dos assim chamados astrolábios e a que levou à instituição da semana e à consagração do sétimo dia, o sábado. Os astrolábios, todos anteriores ao ano 1000 a.C.,[9] dividiam o céu em doze partes iguais, chamadas meses, de 30 dias cada uma e, portanto, com um total de 360 dias. O horizonte, consequentemente, era dividido em 360 graus. Sobre esta linha, mesmo se mais elaborada, está a compilação Mul Apin redigida em torno do ano 700 a.C.

---

[7]Veja G. Schiaparelli, *Scritti sulla storia dell'Astronomia antica*, Tomo I, Associazione culturale Mimesis, Bolonha, 1925, p. 47ss.

[8] U. Glessmer, Horizontal Measuring in the Babylonian Astronomical Compendium MULAPIN and in the Astronomical Book of 1En, in "Hen" 18 (1996), p. 259-282.

[9] Para uma exposição sintética e clara das concepções astronômicas suméricas e babilônias, cf. F. Rochberg, *Astronomy and Calendars in Ancient Mesopotamia*, in J. M. Sasson (ed.), "*Civilizations of the Ancient Near East*" (4 vol.), New York, 1996, vol. III, 1952-1940.

"There are 12 signs, because there are 12 months in the schematical year of Mul Apin. The signs were made of equal lengh in order to get months of equal duration: they were divided into 30 degrees each because the schematical months were supposed to contain 30 days each."[10]

Esse calendário tem como referência as estrelas, mas seus 360 dias são na realidade os 360 graus do horizonte. É um calendário "perfeito", porque construído sobre estrelas. Na vida do dia a dia e para a vida do dia a dia era apenas adaptado. Daí a necessidade dos quatro dias fora do cálculo, de fato identificados com os dois solstícios e os dois equinócios, os dias em que o sol ficava parado: quando não há movimento, não há tempo!

Até o sábado sofre na tradição Sacerdotal um deslize em relação à interpretação do Deuteronômio. No Deuteronômio, o sábado tinha um valor de memorial histórico, devia ser a lembrança da saída dos hebreus do Egito,[11] mas na tradição Sacerdotal torna-se claramente o memorial cósmico da criação.

Se, em Ezequiel, encontra-se um influxo direto da cultura babilônica, isso é buscado em sua visão do cosmo, derivada de

---

[10] B. L. van der Waerden, *History of the Zodiac*, in "AfO" 16 (1951-52), p. 216-230, p. 218.

[11] Segundo o Deuteronômio, o sábado recordava a saída dos hebreus do Egito, mas esta não acontece no sétimo dia de uma semana, mas no dia da lua cheia (metade do mês), segundo o calendário luni-solar pré-exílico. Veja *Êx* 12, passagem transmitida pela própria tradição sacerdotal. Só em época exílica, a palavra foi colocada em relação à raiz *shbt* ,"repousar". A consoante dupla indica uma raiz *shbb*, que foi colocada em relação com uma raiz semítica que significa "levantar-se". Sobre esse problema, cf. os artigos *supracitados* na nota 4.

noções que hoje chamaríamos de caráter científico. A visão que teve Ezequiel do cosmo alarga-se e se agiganta, favorecendo sempre mais a imagem de Javé como deus absoluto, ou seja, único. O deus nacional quanto mais está no alto, tanto mais se aproxima de ser o senhor do cosmo inteiro, o deus único. Ezequiel viu o mundo através do espelho da concepção astronômica da Babilônia, que para ele se tornou a chave para compreender a obra do Deus de Israel na história.

13. O Sagrado durante o primeiro sadocitismo

Para os hebreus exilados com o advento do reino de Dario I (521 a.C), ofereceu-se a possibilidade de voltar à pátria. Já Ciro havia restituído aos hebreus, na pessoa de seu *nasi'*[1] Sheshbassar, os objetos de culto do templo de Jerusalém.[2] Mas isso era uma atitude que se referia aos hebreus na pátria, e a seu *nasi'*, não se referia aos exilados na baixa Mesopotâmia. Estes não foram levados em consideração, porque não eram súditos da casa davídica: eram "malvados", que Nabucodonosor havia punido deportando-os da mãe pátria para o exílio. Não podiam ter o *status* de súditos do rei hebreu. Por outro lado, tinham podido manter sua

---

[1] Cf. *Esd* 1,8. Os babilônios consideravam os reis aqueles que eram submissos, como governadores de seus reinos, por conta da Babilônia. Eles recebiam o título de governadores diante da administração babilônia, mas mantinham o título real diante de seus súditos. Em hebraico, os três descendentes de Davi, que se sucederam no trono de Jerusalém depois da conquista de Nabucodonosor, foram Yehoyakin, Sheshbassar e Zorobabel. Todos tiveram o título de *nasi'* (rei vassalo) e de *péchah* (governador).

[2] Cf. *Esd*, 1,7-8.

identidade nacional porque não tinham sido dispersados pelo vastíssimo império babilônio, mas tinham ficado unidos ao longo do rio Kebar, na baixa Mesopotâmia. Tinham até construído uma discreta fortuna, como foi encontrado de uma família, os Egíbios,[3] um arquivo já do século VI, que demonstra sua riqueza e poder. Entre os exilados sobressaíam os sacerdotes que antigamente tinham controlado o templo de Jerusalém e que se distinguiam por sua cultura. É a esse grupo que pertence Ezequiel.

No tempo de Dario, e talvez já no de Cambise, os sacerdotes do Kebar conseguiram fazer ouvir sua voz na corte persa e fazer que fossem reconhecidos como hebreus, no sentido de cidadãos de Judá, ou melhor, segundo a mentalidade antiga, ainda súditos de seu rei.

Quando Dario subiu ao trono da Pérsia, era *nasi'* de Judá Zorobabel, do qual é possível estabelecer que teve, como seus predecessores, os títulos de governador e de rei vassalo.[4] Mas, diferentemente de seus predecessores, foi-lhe acrescentado um terceiro título, que explica muitas coisas. Foi-nos transmitido por Flávio Josefo em *Ant Iud* 11,32: "governador dos hebreus no exílio". Esse terceiro título de Zorobabel atesta que os exilados do Kebar tinham conseguido fazer-se reconhecer, de alguma forma, como súditos de sua casa reinante. Atesta, além disso, que tinham conseguido não se fazer anular na massa dos súditos.

---

[3] Sobre Egíbios, cf. L. Cagni, *Le fonti mesopotamiche dei periodi neo-babilonese, acheminide e seleucide*, in "RivBib" 34 (1986), p. 11-53. Qualquer informação a mais in G. Schiaparelli, *Scritti sulla storia della Astronomia Antica*, 3 vol., (Mimesis), ISIAO, Bologna, 1925-1926, [1997-1998], vol. I, p. 261, nota 2.

[4] Cf. P. Sacchi, *Storia del Secondo Tempio...*, p. 37.

Zorobabel não era seu *nasi'*, mas somente seu chefe: estavam em paralelo com os súditos, mas eram distintos destes.

Não só: eles sabiam muito bem que a verdadeira liberdade de voltar à pátria, e de ser hebreus ali, teria sido pura teoria, se não tivessem tido o poder de recuperar de algum modo bens e funções perdidos com o exílio; mas, para obter isso, era indispensável ter certa autoridade. Assim, houve um verdadeiro acordo e compromisso entre Zorobabel e o Sumo Sacerdote no exílio, Josué. O título de Sumo Sacerdote apareceu então pela primeira vez em Israel e cabia ao chefe de família da descendência de Sadoc.

O sacerdócio no exílio, sob a inspiração de Ezequiel, se havia estruturado de maneira rigidamente hierárquica. Só uma família ou um grupo de sacerdotes descendentes de Sadoc tinham as plenas funções sacerdotais (*Ez* 44,15): os outros se tornaram sacerdotes numa subordem, com previstas tarefas subordinadas. O primeiro desses Sumos Sacerdotes foi Josué, e o cargo foi hereditário. A dinastia mantém o cargo até Onias III, afastado do poder só lá pelo ano 175 a.C. O acordo prevê para Judá uma espécie de diarquia: Zorobabel e Josué tinham ambos o título de ungidos (*Zc* 4,11-14), título real antigamente. Zorobabel sentiu-se talvez satisfeito em ser, senão por nada, pelo peso da tradição, o primeiro dos dois ungidos.

Os sacerdotes que foram repatriados estavam separados dos sacerdotes de Judá, não só por interesses que Zorobabel devia ter conseguido mediar num primeiro momento, porque a atmosfera desses anos resulta de acordo nacional, mas também de motivos teológicos e litúrgicos, cujo peso provavelmente tinha escapado a Zorobabel. Na terra do exílio, se havia desenvolvido a teologia Sacerdotal (no sentido técnico do termo), que previa medidas de pureza e regras de culto que eram ignoradas pelos sacerdotes que permaneceram na pátria: não puderam faltar os conflitos.

Desses conflitos, pode-se considerar emblemático aquele do qual nos restaram traços no cap. 2,10ss, de Ageu. O profeta coloca para os sacerdotes um problema de pureza, mas seu interesse não está no problema enquanto tal, e sim na possibilidade de receber uma resposta que lhe permita declarar a impureza de todo o povo. Todo o povo é impuro e contamina as próprias ofertas levadas ao santuário. "Oráculo de Javé: este povo é impuro diante de mim; da mesma forma, todas as obras de suas mãos; até o que ele oferece no templo é impuro".

Trata-se de uma iniciativa profética em favor do templo e de seus sacerdotes, que são então os sacerdotes retornados do exílio. O povo não pode levar ofertas ao templo, porque é impuro. A separação aconteceu; ou o povo aceita ser "purificado" e aceita algumas pretensões do novo sacerdócio, ou entre povo e templo não há mais relação. Talvez foi essa tomada de posição de Ageu o preâmbulo da guerra civil que separou os anos que estão entre a volta da caravana guiada por Zorobabel e por Josué (521 a.C.) e o momento da rededicação do templo, que acontece em 515 a.C., quando não se fala mais de Zorobabel.[5] A tradição procurou depois cancelar dos documentos a lembrança da guerra civil que causou a separação nos anos logo posteriores à data da volta

---

[5] Cf. *Ant Iud*, 11,79.

dos exilados, mas a guerra existiu: foi combatida, de um lado, pelos que voltaram para a pátria e confirmados em Jerusalém, e, do outro, pelos que ficaram na pátria, que se encontravam espalhados por toda a Judeia.[6] Essa guerra civil, que foi vencida pelos repatriados, deixou uma marca claríssima no cap. 12 de Zacarias Segundo, um profeta diverso do Primeiro, mas contemporâneo a este.[7] No v. 2, por exemplo, ficou esta frase: "Eu farei de Jerusalém como uma taça inebriante para todos os povos vizinhos; Judá terá a mesma sorte quando Jerusalém for sitiada". E um pouco depois (v. 5):

> "Então os chefes de Judá pensarão: A força dos habitantes de Jerusalém está em Javé dos exércitos, seu Deus. Naquele dia farei dos chefes de Judá como braseiro ardente no meio da lenha e como tocha acesa entre os feixes; eles devorarão à direita e à esquerda todos os povos ao redor. E Jerusalém será ainda habitada em seu mesmo lugar, em Jerusalém".

Javé é o deus de Jerusalém, não de Judá, isso, naturalmente, na perspectiva imediata dos vencedores.

A existência de uma guerra civil entre Jerusalém e Judá é certa, como é certo que, em um primeiro momento, Judá levou

---

[6] Cf. P. Sacchi, *Storia Del Secondo Tempio...*, cit., p. 41.

[7] Para esta datação do Segundo Zacarias, cf. P. Lamarche, *Zacharie IX-XIV* (Etudes Bibliques), Paris, 1961. É sobre essa interpretação do Segundo Zacarias que se funda a obra de M. Smith, *Gli uomini del ritorno*, Duesse, Verona, 1984 (orig. de 1971).

a melhor; o que, não aparece claramente nos textos é de que lado esteve o rei, mas é muito provável que esteve com Judá, mesmo que tenha tentado fazer-se mediador entre as partes. O cap. 3 de Zacarias conta uma visão do profeta, na qual temos a cena do sumo sacerdote Josué, um tição fugido do incêndio de Jerusalém, que aparece vestido de hábitos impuros e está para ser acusado diante de Deus por Satanás, o anjo acusador. Mas o anjo do Senhor impede-o de levar avante a acusação. Antes, volta-se para os encarregados do conselho e ordena-lhes:

> "Tirai-lhe estas vestes imundas.[8] Depois disse a Josué: 'Tirei de ti teu pecado...'. 'Ponde-lhe na cabeça um turbante limpo...'. 'Se andares em meus caminhos, observando minhas leis, terás o governo de minha casa...'".

A passagem, mesmo que só de maneira figurada, mas não muito, narra que houve um momento em que Josué conseguiu manter o sumo sacerdócio só ao preço de uma autocrítica. O episódio tem sentido só como fotografia de um momento da guerra civil em que Josué e os repatriados levam a pior, e Josué consegue manter o sumo sacerdócio ao preço de uma autocrítica. Conquanto tenha sido só um armistício, foi uma pausa na guerra civil, que não se concluiu então, porque ao fim Josué foi vencedor absoluto.

---

[8] *Impuros*: o termo hebraico que aparece aqui não é o termo técnico; é *tsw'*, que indica algo como "sórdido". O valor de "impuro" deduzia-se, além do significado metafórico do adjetivo, também da conclusão da cena. Quando Josué fez sua autocrítica, foi-lhe colocado sobre a cabeça um turbante (*tsanif*) puro. E, desta vez, o termo para dizer "puro" é o técnico: *tahor*.

A guerra terminou com a vitória de Jerusalém e com uma reafirmação da unidade do povo sob a guia dos sacerdotes sadocitas e de governadores hebreus, não está claro propostos por quem, certamente nomeados pela Pérsia.[9] Os hebreus tornaram-se todos puros.

As condições sociopolíticas da Judeia impediram a rígida aplicação das normas de Ezequiel. O governo dos sumos sacerdotes não tinha qualquer interesse em estar separado dos alógenos. A tendência do poder era obviamente a de controlar o território e de ter boas relações com os vizinhos. O estado de Judá era um estado vassalo. Independente, no plano administrativo interno, não podia certamente ter uma política externa própria, porque teria tido necessidade de um exército, coisa que jamais a Pérsia teria permitido. As boas relações com os vizinhos eram o único modo de garantir a segurança. Os casamentos dinásticos, entre

---

[9] O governadorado era uma nova instituição que devia preencher o vazio deixado pelo desaparecimento da monarquia. A sucessão dos governadores é reconstruível sobre a base de sigilos e bulas recentemente descobertos. Cf. N. Avigad, *Seals of Exile*, in "IEJ" 15 (1965), p. 222-230; Id., *Bullae and Seals from a Post-Exilic Judean Archive*, Institut of Archaeology-The Hebrew University, Jerusalem, 1976; Id., *Hebrew Bullae from the time of Jeremiah, Remnants of a burnt Archive*, IES, Jerusalem, 1986; Id., *The Contribution of Hebrew Seals to an Understanding of Israelite Religion and Society*, in *Ancient Israelite Religion* (ed. P. D. Miller et alii, *Studies in honor of F. M. Cross*), Fortress Press. Philadelphia, 1987, p. 195-208; Id., *Corpus of West semitic Stamp Seals* (completed by B. Sass), IES-Institut of Archaeology-The Hebrew University, Jerusalem, 1997. A autenticidade dos sigilos é discutida. Para uma síntese da questão, veja-se J. A. Soggin, *Storia d'Israele* (Biblioteca di cultura religiosa), Brescia, Paideia, 2002², p. 347.
De qualquer forma, os primeiros governadores foram de descendência davídica. Cf. A. Lemaire, *Histoire et administration de la Palestine à l'époque perse*, in E. M. Laperrousaz (ed.), *La Palestine à l'époque perse*, Cerf, Paris, 1994, p. 11-53.

os sacerdotes sadocitas e as famílias no poder na Samaria e em Amã, eram uma regra.

Os profetas do tempo contribuíam para essa política, que pressupõe algum universalismo: O Terceiro Isaías (*Is* 56,3-6) escrevia que o estrangeiro não devia sentir-se cortado para fora da sociedade judaica. Malaquias (1,11) escreve que as ofertas do estrangeiro podiam ser mais bem-aceitas por Javé que as de seus próprios sacerdotes. Dado que os profetas, embora argumentassem em função de situações concretas, apegavam-se sempre a princípios ideais, visto que a impureza do estrangeiro não devia ser considerada tal, e deduziram disso que nem mesmo a mais despotencializadora de todas as deformações físicas, a do eunuco, era suficiente para excluir da comunidade de Javé. O judaísmo está em vias de desembocar no universalismo, para o qual era impulsionado, além de pela contingente situação política, também por verdadeiros e próprios ideais que foram alimentados pela corte. Se disso foi detido, foi pela intervenção da comunidade da diáspora da Babilônia, à qual não agradava (e não podia agradar) que Jerusalém se tornasse um estado como todos os outros, o estado dos cidadãos que ali habitavam. A diáspora queria a aplicação das normas de pureza criadas por Ezequiel, porque sobre sua base Jerusalém se tornaria cidade estranha aos não hebreus, mesmo se moradores da Judeia, e estaria aberta aos hebreus de todo o mundo.

No plano da história do pensamento, estas páginas da história hebraica são a primeira documentação de como a pureza se tornou um valor religioso com forte impacto social; são ainda o documento que testemunha como foi feito disso um instrumento político. Bons e maus, amigos e inimigos podiam ser apontados por meio da categoria do impuro e do puro.

14. Neemias e a nova fundação do estado hebraico em Judá

Lá pela metade do séc. V a.C., Neemias, um hebreu da diáspora da Babilônia, que se tinha afirmado na alta corte persa em algum alto cargo, obteve do imperador da Pérsia o cargo de governador da Judeia para poder reorganizar o estado de Judá, que passava por uma crise econômica muito grave. Neemias veio para a Judeia para defender os interesses da diáspora, que estava descontente com a política dos sumos sacerdotes sadocitas, que intentavam colocar no mesmo plano hebreus e não hebreus.

Neemias aplicou-se em dar estabilidade a Jerusalém, reforçando o poder do sacerdócio e sanando a economia, mas tirou a cidadania de todos aqueles que não descendiam de exilados. Deixo a ele a palavra:

> "A cidade era espaçosa e grande, mas sua população era pouca e não se construíam casas. Meu Deus inspirou-me então de reunir os *horim* (proprietários de terra), os *seganim* (nobres, funcionários) e o povo, para fazer o recenseamento genealógico" (*Ne* 7,4-5).

Parece que se trata do recenseamento de todos os habitantes da província, ou ao menos dos hebreus, mas não é assim.

> "Achei o registro genealógico dos que haviam regressado no início, e lá encontrei escrito: São estes os cidadãos da província (*bne hammedinah*) que regressaram do exílio, os quais Nabucodonosor, rei da Babilônia, tinha deportado e que regressaram a Jerusalém e a Judá..." (*Ne* 7,5-6).

A assembleia reunida por Neemias tinha a finalidade de descobrir quem fazia parte ou não da descendência dos exilados. Quem não fizesse parte, segundo essa lista, ou não pudesse demonstrar pertencer à descendência, era excluído da assembleia, coisa que corresponde ao que hoje poderíamos chamar de perda dos direitos políticos. A medida não visava só os leigos, mas também os sacerdotes:

> "Estes (alguns sacerdotes mencionados antes) procuraram seu registro genealógico, mas não foi encontrado: foram, pois, excluídos do sacerdócio" (*Ne* 7,64).

Se os hebreus que não tinham sido deportados já não eram cidadãos de pleno direito na pátria, a situação daqueles que não eram hebreus por estirpe, mas apenas cidadãos obedientes ao governo sadocita, ficou obviamente mais clara ao menos nas palavras:

> "Naquele tempo fez-se ao povo uma leitura do livro de Moisés e lá se encontrou escrito que o amonita e o moabita não deviam jamais entrar na assembleia de Deus,

> porque não vieram ao encontro dos israelitas com pão e água e porque tinham contratado contra eles Balaão para os amaldiçoar... . Quando ouviram a leitura da Lei, excluíram de Israel todos os estrangeiros" (*Ne* 13,1-3).

Ainda uma vez, a Lei foi interpretada de maneira muito extensiva!

É óbvio que foram tomadas providências também contra os matrimônios mistos, porquanto Neemias não chegasse a impor que as mulheres de estirpe não hebraica fossem expulsas junto com os filhos delas nascidos. Flávio Josefo, em *Ant Iud* 11,308, descreve a atmosfera de fanatismo do tempo, dizendo que se difundiu a ideia de que por fim o exílio da Babilônia tinha sido provocado pelo fato de "alguns terem transgredido a lei em relação aos matrimônios e terem esposado mulheres estrangeiras". Se o pecado, mesmo de poucos, nesse campo, tinha causado a ruína da Judeia, perseguir os culpados de tal delito tornava-se amor pela pátria.

Toda essa operação para separar os hebreus verdadeiros (isto é, os repatriados) foi assim resumida em uma frase final (*Ne* 13,30): "Assim os purifiquei (*tihartim*) de todo elemento estrangeiro".

A pureza já não é, nessa visão das coisas, o fato neutro que era nas origens, já não é o estado daquele que não foi afetado pela impureza. A pureza se está tornando, independentemente dos artigos da Lei, um valor de per si. Aquele desprezo que os povos antigos manifestavam candidamente para com os estrangeiros, tidos geralmente como seres inferiores, em Israel se expressa por meio da categoria do "sagrado/profano – impuro/puro".

Segunda parte

O sagrado no judaísmo antigo e médio

1. O judaísmo de Jerusalém por volta de 400 a.C.

Por volta do ano 400 a.C., quando a Judeia começava a viver de acordo com a reforma de Neemias, os principais generais do sadocitismo fundado sobre a tradição sacerdotal, sobre o Deuteronômio e sobre a tradição do Palácio, como fora recolhida por R1, tornaram-se o fundamento teológico e ideológico da vida dos habitantes da Judeia, embora, como veremos, não faltassem vozes de dissenso, ou, seja como for, incômodas.

A Judeia, com o templo que se erguia em seu centro, em Jerusalém, a partir do fim do exílio, havia ficado sob o domínio político e, sobretudo, cultural dos sacerdotes sadocitas, isto é, descendentes de Sadoc. Assim, aquela forma de judaísmo, que tinha seu centro no templo e que antigamente era chamada "oficial", hoje, de maneira mais histórica, pode ser chamada sadocita, do nome da dinastia de seus sumos sacerdotes.

É nesse ambiente que foi ordenada e transmitida a mais antiga tradição hebraica, a pré-exílica, que representa a primeira forma daquilo que hoje denominamos Bíblia. O centro do judaísmo sadocita parece-nos hoje terem sido o templo e a Lei, mas essa impressão era antiga, pois já os *Pirqe Avot*, obra do III-IV século, podiam escrever "Sobre três coisas se rege o mundo: sobre a Torá, sobre o culto e sobre as obras de misericórdia".[1] Não era a terra de Judá, mas o mundo inteiro cuja existência e vida dependiam do templo de Jerusalém e da aplicação da lei divina.

A observância das normas da Lei, no Deuteronômio chamada claramente Torá, é fundamento da vida dos indivíduos, mas sobretudo de Israel como globalidade dos hebreus. O fundamento do pensamento é semelhante ao de Ezequiel, que via a possibilidade mesma de viver em consequência da observância dos mandamentos divinos (*Ez* 18). Mas a concepção deuteronômica diferencia-se da de Ezequiel, não só porque dá mais atenção ao povo que ao indivíduo, mas porque insiste sobre a ideia de que existe uma aliança que une os hebreus enquanto povo de Deus, uma aliança que vincula ambos, e que foi estreitada com base nos mandamentos. Neemias escreveu o texto de uma nova aliança com Javé, assinou-o e o fez assinar pelos nobres de Judá (*Ne* 10,1ss.): estava inteiramente na linha do Deuteronômio. A aliança de que fala o Deuteronômio não era como aquela dos pais, mas era uma aliança feita "conosco, nós todos os que hoje aqui estamos vivos" (*Dt* 5,3). A aliança do Deuteronômio não é uma realidade antiga que fundou uma dinastia; é uma realidade sempre atual e operante.

---

[1] "Simão, o Justo, era um dos epígonos da grande sinagoga. Ele costumava dizer: 'Sobre três coisas se rege o mundo, sobre a Torá, sobre o culto e sobre as obras de misericórdia'" (*Pirqe Avot* 1,3; tradução de S. Principe, Edizioni Didaskaleion, Torino, 1995). Veja também A. Mello, *Detti di Rabbini, Qiqajon*, Magnano, 1993.

A sociedade sadocita do séc. IV-III a.C. parece dominada pela necessidade de delimitar claramente toda realidade física, social ou moral que fosse.[2] Toda realidade tinha sua esfera e não devia ser invadida por outra realidade. É a visão do mundo formada sobre a base da categoria do "sagrado/profano – impuro/puro". Sair desse esquema teria significado o desastre não apenas histórico. Na base dessa concepção do real está a intuição de que o cosmo é uma ordem, uma ordem querida por Deus, mas é também uma ordem que o homem tem a capacidade de quebrar. A ordem cósmica volta na categoria do "sagrado/profano – impuro/puro". Semear espécies diferentes no mesmo campo era proibido, porque teria sido um retornar àquele estado de "sacralidade – impureza" que a criação tinha superado, enquanto colocava as coisas todas em seu lugar. Essa ordem cósmica devia ser salva, porque querida por Deus, aquele mesmo Deus que tinha dado ao homem inclusive leis mais complexas que aos outros povos, para que os hebreus fossem visivelmente diferentes dos outros povos e tivessem, em consequência, uma função especial dentro da ordem do mundo. É por isso que o contato com os povos, isto é, com os pagãos, podia acontecer só salvaguardando a posição e a realidade hebraicas. Os princípios da categoria "sagrado/profano – impuro/puro" eram a chave que estruturava a sociedade e lhe dava um sentido preciso.

---

[2] Cf. G. Boccaccini, *The roots of Rabbinic Judaism; An Intelectuel History from Ezequiel to Daniel*, Eerdmans, Grand Rapids, 2002, p. 73-82.

Havia um espaço sumamente sagrado, o do templo, que também em seu interior tinha uma gradação de sacralidade nos espaços: do *devir*, que era a parte mais sagrada, ao átrio, onde todo o povo podia entrar. Ao espaço do templo seguia o de Jerusalém, que era separada da terra de Judá, que, por seu turno, era separada da terra dos pagãos.

Essa lógica pervade também a sociedade. No ponto mais alto, coloca-se o sumo sacerdote, depois os sacerdotes comuns, depois os levitas, depois os hebreus homens e, por fim, as mulheres hebreias. Os pagãos estão ainda fora.

Esta estrutura articula-se até a incluir Deus mesmo, que se coloca em relação a sua criação baseada no grau diferente de sacralidade que têm suas partes.

> "Eu sou Javé, vosso Deus, que vos separei dos outros povos. Fareis distinção entre animais puros e impuros... Sereis, pois, santos para mim, porque eu, Javé, sou santo, e vos separei dos outros povos para serdes meus" (*Lv* 20,24-26).

As distinções dentro do mundo, do templo e da própria sociedade dos homens são reguladas por sua sacralidade, que é máxima em Deus, e depois sempre mais reduzida, mas talvez nunca igual a zero.

Essa diferença entre povo hebraico e nações, entre hebreus e pagãos, comporta uma hierarquia cujos graus continuam também dentro de Israel. Hierarquia que é querida por Deus, mas não depende de um mandamento, e sim da própria criação: as coisas dispõem-se hierarquicamente entre si na base de sua sacralidade.[3]

A ordem cósmica sobre o plano espacial apresenta-se como uma harmonia de espaços sagrados e espaços profanos, mas também o tempo apresenta-se como uma estrutura que se expressa no calendário estelar, transformado depois no solar. O tempo do ano é escandido pelo número sete, que repete o esquema da semana da criação, a verdadeira base do cálculo do tempo na sociedade sadocita. O sétimo dia da criação tornou-se sagrado pelo repouso divino, e esse sétimo dia continua sagrado. O respeito ao sábado é um dos empenhos fundamentais da reforma de Neemias (*Ne* 10,32). O esquema da criação é para ele o fundamento do calendário e é notável que não corresponda a nenhum período de tempo mensurável por nenhum movimento celeste. É uma pura figura numérica. Com 52 semanas, temos o ano, e o sétimo ano de cada sabático de anos é um ano especial, ao passo que sete sabáticos de anos dão lugar a um ano ainda mais especial, o ano jubilar.

---

[3] Para o conceito de sacralidade na sociedade sadocita, cf. P. P. Jenson, *Graded Holiness: A Key to the Priestley Conception of the World* (JSOT 106), Sheffield, 1992. Sobre a relação entre impureza e sacralidade, cf. P. Sacchi, *Il sacro profano, impuro puro: una categoria ebraica perduta*, in E. Guerriero-A. Tarsia (ed.); *I segni di Dio* (Saggi teologici 10), Cinisello B., 1993, p. 25-53; Id., *Isaia 6 e la concezione di impurità nel medio giudaismo*: in "VH" 13 (2002), p. 55-77; J. L'Hour, *L'impur et le saint dans le Premier Testament à partir du livre du Lévitique*: in "ZAW" 115 (2003), p. 524-537.

2. O henoquismo e uma nova concepção do sagrado

Por volta do ano 400 a.C., ou não muito depois, surgiu em Israel um movimento religioso, do qual temos a documentação em alguns livros apócrifos, o mais antigo dos quais é o *Livro dos Vigilantes*, seguido do *Livro da Astronomia* e, depois, pelo *Livro dos Sonhos*, datável com suficiente precisão em torno do ano 160 a.C. A essa corrente do judaísmo dá-se hoje o nome de henoquismo. Mas, seja como for que ela se chame, é a corrente do judaísmo que nasce com o apocalíptico[1] *Livro dos Vigilantes* e que hoje é chamada henoquismo, do nome de seu revelador, que foi Henoc e não Moisés, como junto aos sadocitas de Jerusalém. Nesse movimento, a categoria do "sagrado/profano – impuro/puro" teve conteúdos diversos e, como consequência, importância diversa do que junto ao judaísmo sadocita.

[1] O termo "apocalíptica" é usado para indicar realidades diversas. Eu uso sempre o termo "apocalíptica" em sentido formal: apocalíptico é um estilo e apocalíptica é uma atmosfera, mais uma teologia.

No henoquismo, o sagrado continua ligado à esfera do divino, mas perde a capacidade de matar os incautos que dele se avizinham: o sagrado vem assim a coincidir com nosso conceito de divino, e é mais objeto de desejo que de terror. É mais o *fascinans* que o *tremendum*.

Como se vê desses primeiros elementos, a espiritualidade henoquiana foi muito diferente da sadocita. Essa diferença repercutiu obviamente em uma ampla esfera de elementos. O henoquismo não teve templo. Pela metade do século II a.C., em uma tentativa de aproximação do sadocitismo, e talvez com a secreta esperança de recolocá-lo na guia e, quem sabe, no governo de Israel, admitiu, como veremos, a necessidade de um templo, mas de qualquer forma deveria ter sido diverso, ou diversamente oficiado, do templo histórico de Jerusalém.

No *Livro dos Vigilantes*, no cap. 14, é descrita uma subida ao céu, que é de fato uma elevação mística. O místico aproxima-se do trono divino por meio de uma série de experiências físicas que podem ser descritas como a experiência psicológica e concreta de todos os extremos, reunidos sibolicamente, na visão, na experiência do fogo e do gelo. O encontro com Deus acontece, e acontece no céu, em uma situação muito diferente daquela do sexto cap. de Isaías. Isaías tinha visto a orla do manto divino sobre a terra, enquanto Henoc vê no céu a corte celeste e ouve lá em cima a voz de Deus. O Deus de Isaías tinha uma corte com a qual deliberar (*Is* 6,8), o Deus de Henoc tem uma corte junto com a qual nada tem a deliberar, como diz polemicamente o texto do *Livro dos Vigilantes* (1H [LV] 14,22). O Deus de Henoc, circundado de miríades de anjos, está, ao mesmo tempo, mais longe do mundo e mais próximo do homem. Há um novo sentido da transcendência em Israel, cujas raízes devem ser buscadas na teologia mesma de Isaías 6 e de Ezequiel,[2] mas que se desenvolveu de maneira original e autônoma no henoquismo.

De um lado, o henoquismo do séc. IV-III a.C. não tinha templo (1H [LS] 90,28; cf. também *Giub* 1,17; RT 29,8-10); do outro, conhecia bem e praticava a oração. No *Livro dos Sonhos*, que mostra já a existência de um forte contato com o sadocitismo, enquanto é uma releitura da história bíblica considerada sob o ponto de vista henoquista, temos a explicação do motivo pelo qual em Jerusalém havia um templo. O templo era a consequência e o parcial remédio de um pecado gravíssimo de Israel. O templo era elemento positivo só enquanto remediava um erro. E enquanto o remediava, continuava no tempo o testemunho dele. Israel, em suas origens, isto é, no tempo do deserto, não tinha templo, precisamente como contava a Bíblia sadocita, da qual os henóquios pareciam agora aproximar-se pela primeira vez de maneira global. É o mesmo motivo que havia inspirado algumas palavras de Oseias, que pranteava o tempo do deserto, quando Israel não tinha nem templo, nem rei, nem sacerdotes.[3] O *Livro dos Sonhos* aprofunda

---

[2] Cf. P. Sacchi, *La transcendeza nella Bibbia*, in "RelSoc" 9 (n. 49) (2004), p. 7-21.

[3] Cf. P. G. Borbone, *Il libro del profeta Osea: Edizione critica del testo ebraico* (QHen 2), Zamorani, Torino, 1990, p. 124. Borbone explica que, se consideramos como original a edição pós-exílica, a passagem de *Os* 3,4 deve ser lida vocalizando *yshb* como futuro (como a masorá medieval), mas se pensamos no original como obra pré-exílica, *yshb* é vocalizado como passado. "Por isso, pensamos que o fragmento antigo que o autor encastoou aqui deva ser interpretado como passado". De acordo comigo, este sentido é possível até na edição pós-exílica. Veja ainda P. G. Borbone, *Il capitolo terzo di Osea*, in "Hen" 2 (1980), p. 257-266.

o motivo: Israel não tinha templo, porque era guiado diretamente por Deus, que se deixava ver pelo povo. Era uma situação de grande graça, da qual Israel teve mais terror que temor. Teve medo da presença do divino, de sua sacralidade. Israel pediu a seus chefes, Moisés e Aarão, para ser libertado daquela presença, da qual sentia a terribilidade e não o fascínio.[4] Moisés, quando desceu do monte (no henoquismo, o monte não tem nome, não era nem o Sinai, nem o Horeb ou eram os dois), entregou-se só a criar o tabernáculo, imagem do templo salomônico. O templo permitiu aos hebreus que entre Deus e eles permanecesse um fio de comunicação, permitiu que o povo eleito não perdesse totalmente seu Deus. Com isso, o henoquismo reconhecia o templo de Salomão, que não existia mais: o contemporâneo, não o reconheceu nunca; estava, de qualquer modo, substituído no sacerdócio e na liturgia.

Lê-se em 1H (LS) 89,27-36:

> "(27) e eu observei até que todas aquelas hienas (os egípcios) que seguiam aquelas ovelhas pereceram e afogaram--se. (28) E as ovelhas foram além daquelas águas e saíram em um deserto onde não havia água nem relva, e começaram a abrir seus olhos[5] e a olhar: e eu (Henoc) vi o Senhor das ovelhas (que) as apascentava e lhes dava água e relva e (vi) aquela

---

[4] A narração do *Livro dos Sonhos* tem uma sensibilidade psicológica notável. A narração do Êxodo dizia simplesmente que os hebreus pediram a Aarão que lhes fizesse um deus que os guiasse, dado que não sabiam mais nada nem de Moisés, nem daquele deus que os havia guiado até então.

[5] Esta leitura escolhida já pelos tradutores do texto etíope em relação àquele "não abriram" é agora confirmada por um fragmento qumrâmico: 4Qen^{e} (4Q206) fr. 4, I. 17.

ovelha (Moisés) caminhar e guiar. (29) E aquela ovelha subiu ao topo daquela pedra alta e o Senhor das ovelhas enviou-a a elas. (30) E então vi o Senhor das ovelhas que estava diante delas – e Seu aspecto era majestoso e forte[6] – e todas aquelas ovelhas O olhavam e tinham medo de Seu rosto. (31) E todas aquelas (ovelhas) olhavam e tremiam diante Dele, e gritavam, para aquela ovelha (Moisés) que estava com Ele, à outra ovelha (Aarão) que estava no meio delas, dizendo: 'Não podemos (estar) diante do nosso Senhor nem olhar para Ele'.

(32) E aquela ovelha que as guiava voltou e subiu (ou seja, "subiu de novo") sobre o topo daquela pedra e as ovelhas começaram a ficar cegas e erraram o caminho que ela lhes havia indicado e aquela ovelha não o percebeu. (33) E o Senhor das ovelhas atirou-se contra elas com grande ira, e aquela ovelha percebeu, desceu de cima da pedra, veio para junto das ovelhas e encontrou a maior parte delas que era cega e tinha errado[7] seu caminho. (34) E, quando o viram, tiveram medo e tremeram diante de sua face e quiseram voltar a seu redil. (35) E aquela ovelha tomou consigo outras ovelhas e entrou no meio daquelas ovelhas que tinham errado (o caminho) e, depois, pôs-se a matá-las e as ovelhas temeram diante de sua face e aquela ovelha fez voltarem aquelas que haviam errado e elas entraram de novo em seu redil.

(36) E eu vi, acolá, a visão até que aquela ovelha se tornou um homem e construiu a casa do Senhor das ovelhas e colocou todas aquelas ovelhas naquela casa".

---

[6] O fragmento qumrânico 4Qen[d] (4Q205, fr. 2, col. II, l. 29) junta um terceiro adjetivo, mas só a primeira letra é legível.

[7] *Errado*: isto é, desviado.

O texto narra como os hebreus conseguiram atravessar o Mar Vermelho, fugindo dos egípcios que os perseguiam. Depois os hebreus entraram no deserto, um deserto muito deserto, porque não tinha nem água nem relva. Para o autor não é uma hipérbole. Não havia de fato nada naquele deserto. Mas foi precisamente nessa impossibilidade humana de viver que as ovelhas começaram a ver, isto é, a compreender. Seus olhos olhavam: ainda não viam Deus, mas Henoc, imaginado no céu pelo autor, de onde abarcava em um único olhar todo o espaço e todo o tempo, via que, se o povo encontrava erva e água, era porque Deus lhe fornecia erva e água. Henoc vê que o povo começa a entender: "todas aquelas ovelhas olhavam para Ele e tinham medo de Seu rosto". Os hebreus deram-se conta de que o verdadeiro pastor era o próprio Deus, que vivia no meio de seu povo e se deixava ver por ele. Moisés subiu sobre o Monte (v. 29). Não foi chamado por Deus, foi atraído por Deus. Moisés falou com Deus: não há sinal no *Livro dos Sonhos* da sarça ardente, de uma sacralidade perigosa para o homem, pela qual Deus mesmo deva dar instruções aos hebreus, para que não pereçam (cf. a narração de *Êx* 19,10-15).

Do assunto deste primeiro colóquio de Moisés com Deus, não há sinal no *Livro dos Sonhos*. O contato com Deus é qualquer coisa que vai bem além das palavras que se podem dizer "com língua de carne".[8] Deus manda Moisés a Seu povo: deduzia-se o conteúdo do anúncio dos acontecimentos seguintes (v. 30). Henoc vê que o Senhor das ovelhas está sempre diante

---

[8] Esta expressão é tirada de 1H (LV) 14,2.

delas, ou seja, guia-as e as apascenta e se deixa ver por elas (v. 31). Mas, neste ponto, acontece um grande pecado: os hebreus têm medo do rosto de Deus que evidentemente podem ver. O rosto de Deus era majestoso e forte: parece terrível para eles. A presença de Deus não foi aceita pelos hebreus, que olhavam e tremiam. Não estavam em condição de estar próximos de Deus. Tinham medo do sagrado.

O pecado de Israel consistia na recusa da vizinhança sensível de Deus, compelida até a possibilidade de olhá-lo. A religião dos henóquios desde seus inícios teve vivo o sentido da inefabilidade do divino, junto com o desejo de alcançá-lo. Havia um forte componente místico em sua religiosidade, favorecida pela falta de sentido da temibilidade do sagrado, que caracterizava a religiosidade sadocita, e não a convidava certamente a buscar a aproximação de Deus.

Nessa visão das coisas, é claro que a normativa de Ezequiel já não tinha um sentido. O sagrado outro não era senão a presença desejada e buscada do divino. O sagrado nessa visão das coisas não é mais o oposto do profano, que deseja manter sua autonomia, mas antes o ponto exterior ao homem, com o qual o homem aspira unir-se. A aproximação de Deus era um bem perdido por Israel, mas era recuperável, e talvez por parte de toda a humanidade, porque, como diz o essênio e quase contemporâneo livro dos *Jubileus*, Deus virá um dia habitar entre os homens (*Giub* 1,26).

3. O impuro no henoquismo

A origem do mal

À falta do templo justapõe-se, no henoquismo, a falta da Lei mosaica, com a consequência que no henoquismo não há sinal de todas aquelas prescrições que se referiam à pureza. Na vida cotidiana do henóquio, o único alimento que provavelmente dava problema era a carne com o sangue.[1]

No confronto com os sadocitas, os henóquios perceberam a superioridade deles porque tinham uma lei: remediaram fazendo apelo a uma presumida legislação sua que estava escrita em misteriosas Tábuas Celestes. Elas podiam ser lidas somente por homens excepcionais, chamados por Deus. Provavelmente, os henóquios não tinham nenhum código e sua moral se devia fundar sobre aquilo que hoje chamamos de senso comum da moral. As Tábuas Celestes, das quais conhecemos umas trinta citações, nunca devem ter produzido algum corpo jurídico: provavelmente eram citadas

[1] Cf. 1H (LV) 7,5; 1H (EE) 98,11. A primeira passagem não é muito clara, e a segunda é tardia e poderia ser interpretada como empréstimo posterior do resto do mundo judaico.

(isto é, inventadas) quando deviam explicar diferenças de comportamento em relação aos sacerdotes. De qualquer forma, a lei das Tábuas Celestes era considerada superior à mosaica, porque, diferentemente desta, era eterna:[2] consequentemente, a lei de Moisés tinha um valor puramente histórico.

Se os henóquios não conheciam leis em relação à pureza, isso não significa que eles também não tivessem o sentido do impuro, só que não coincidia com as pequenas coisas e situações cotidianas, como no sadocitismo, salvo o caso da carne com o sangue. A impureza era qualquer coisa que se tinha formado em seguida a um pecado angélico das origens. Mal moral e impureza tendiam a tornar-se dois conceitos que se sobrepunham. O interesse dos henóquios voltava-se essencialmente para o mal, mas este era percebido como ligado à impureza. Lê-se em 1H (LV) 12,4:

> "Henoc, vai, anuncia aos anjos vigilantes do céu que abandonaram o céu excelso e a eterna morada sagrada, contaminaram-se com as mulheres... eles contaminaram a si próprios com grande impureza sobre a terra".

A impureza derivada da união dos anjos com as mulheres difundiu-se por toda a terra, alterando-lhe de algum modo a bondade original. O interesse do autor dirige-se sobre o mal e sobre sua origem, mas a forma de explicar a si mesmo a essência do mal é a de lê-la como uma impureza, antes, com a impureza. Em época mais recente, o mal foi visto como um influxo astral negativo, que chovia sobre a terra desde o quarto dia da criação,

[2] Veja 1H (EE) 99,2 com o etíope, que deve ser preferido. O grego tem "patto".

mas a intuição original continuou viva, porque agiu profundamente sobre a interpretação do mal junto aos qunrânicos.

O autor do *Livro dos Vigilantes* colocou-se o problema da origem do mal e o resolve em termos que estavam além da simples transgressão da vontade divina. A transgressão da lei não era agir contra mandamentos mesmo que de origem divina: o ato do transgredir não se exauria em si mesmo, como propunha toda a tradição sadocita, tanto a do Sacerdotal quanto a de R1, ou a do Deuteronômio. A transgressão era má e tinha suas raízes no mal produzido por um pecado primeiro, de origem preter-humana, mas não metafísica, como diríamos nós para expressar o conceito. O mal estava além da transgressão humana, e tinha no cosmo uma posição concreta.

A coisa é narrada no *Livro dos Vigilantes* como dois mitos, um com aspecto arcaico, ou ao menos antigo, do qual há traços também no *Gênesis* (6,1-4),[3] e outro com aspecto mais recente, recebido na esteira das reflexões astronômicas de Ezequiel e es-

---

[3] Estou convencido de que a passagem do Gênesis relativa à queda dos anjos é posterior ao texto apócrifo, pois o critica: Exclui que os *nefilím* ou *gígantes*, coisa afirmada no texto apócrifo, fossem seres sobre-humanos, algo semelhante aos semi-heróis do mundo pagão ocidental. Por isso, a solução do Gênesis pode ser definida de tipo evemerístico: os assim chamados *nefilím* não eram senão grandes heróis da antiguidade, "homens famosos" e nada mais. A tomada de posição do Gênesis sadocita demonstra que, em seu tempo, o mito da queda dos anjos era já conhecido e já desfrutado por outros com uma interpretação considerada errada. Isso impõe que a passagem do Gênesis sadocita seja mais tardia que o texto henóquio. Isso não significa que o livro do Gênesis tenha sido todo escrito depois do *Livro dos Vigilantes*, porque *Gn* 6,1-4 pode ser uma interpolação. É também possível que o texto do Gênesis se refira ao mito da queda dos anjos que tenha conhecido pela tradição e não pelo texto do *Livro dos Vigilantes*. O que é certo é que, em nível literário, é o texto do Gênesis que reage ao mito da queda, e não o contrário.

truturado de uma forma que parecesse, segundo os cânones da época, precisamente científico.

De acordo com o primeiro mito, um grupo de anjos enamorou-se das mulheres e desce à terra para poder ter relações com elas. De suas uniões nasceram os *nefilím*, traduzido para o grego como *gígantes*, e transcrito para o português como "gigantes". Esse crime acontece no tempo de Yared, um pouco antes do dilúvio. Na narração dessa união contra a natureza aparece, na consequente condenação divina, a palavra "impureza":

> "Por que deixastes o céu excelso e sagrado e vos deitastes com as filhas dos homens..., agistes como os filhos da terra e gerastes gigantes? Vós, seres espirituais, santos, vivendo a vida eterna, cometestes impureza sobre as mulheres..., fizestes como fazem os homens, que são sangue e carne, que são mortais e destrutíveis. Por isso Eu lhes dei as mulheres..." (1H [LV] 15,3-4).

A impureza é algo de concreto, produzido por um ato sexual que não devia existir, o amplexo de anjos celestes e mulheres terrenas. Enquanto coisa, a impureza henóquia é semelhante à dos sadocitas, mas distingue-se dela pelas origens, e sobretudo por ter causado uma fraqueza, uma desordem na natureza humana, que se revelava na tendência à transgressão, não na dificuldade de enfrentar perigos, como no antigo Israel. Para os sadocitas, a impureza fazia parte da natureza criada por Deus; para os henóquios, era o produto de uma situação, por assim dizer, contra a natureza; era a consequência de uma rebelião contra Deus e contra a ordem das coisas querida por ele. Para os primeiros, é coisa neutra; para os segundos, é coisa maligna. Seja como for, será só com o essenismo de Qunran que a relação entre impureza e pecado será conceitualizada.

Um segundo mito é contado pelo autor do *Livro dos Vigilantes,* e mais uma vez explica o mal como consequência de uma desordem inicial não querida por Deus. Desta vez, a transgressão é narrada como aventura durante a própria semana da criação, antes da criação de Adão, e não se fala de impureza. O mal foi produzido e colocado no mundo por uma transgressão angélica que acontece no quarto dia da criação, quando Deus, depois de ter criado os astros, os confiou em seus movimentos a anjos, para que os conduzissem nas órbitas por ele estabelecidas. Infelizmente os anjos colocados como guias dos astros decidiram conduzi-los em órbitas queridas por eles. A consequência dessa rebelião é óbvia em um mundo que crê "cientificamente" na astrologia: os astros começaram e infelizmente continuavam a mandar sobre a terra, não os influxos bons queridos por Deus, mas influxos maléficos, derivados de suas posições desordenadas. A causa do mal continuava ativa no mundo.

Como se vê, esse segundo mito tem um aspecto mais científico que o primeiro, porque explica a existência do mal, fundamentando-se sobre as crenças científicas de então. Essa transgressão produziu uma contaminação de toda a natureza, inclusive do homem, que foi criado para ser posto em um mundo já contaminado. Portanto, a impureza que existe no mundo é consequência de transgressão, conforme a ideia de Isaías, que não tinha mais sido retomada, e concomitantemente causa de outras infinitas transgressões, só que essa transgressão inicial se produziu em uma esfera acima da esfera humana e teve consequências cósmicas terríveis para a humanidade.

É certamente a ideia de que a transgressão gera uma mácula, que, por sua vez, é estímulo a novas transgressões, que levou o henoquismo a colocar-se o problema do mal. Para os sadocitas, o problema não podia nem sequer ser colocado. Aceita a vida em seus termos biológicos entre o nascimento e a morte; aceita a ideia de que a morte não era um mal, chegava-se a boa velhice[4] como manda a natureza, o mal era explicado como punição divina pelas transgressões humanas. O mito de Adão e Eva, que nunca aparece levado em consideração antes do Eclesiástico (25,24), devia ser considerado como a narração de um grave pecado, mas em caso algum capaz de influir sobre transgressões posteriores. Era um mau exemplo, como explicará o *Apocalipse Siríaco de Baruc* por volta do fim do séc I d.C., mas nada além: "Ele (Adão) foi um perigo para a própria alma, mas foi um perigo também para os anjos. Estes, de fato, quando ele foi criado, tinham ainda a liberdade e alguns desceram e se uniram com as mulheres" (56,10-12).[5]

---

[4] *Gn* 15,15; 25,8; *Jz* 8,32; *I Cr* 29,28.

[5] A única exceção a esse modo de ler o episódio do Éden é dada pelo *Livro dos Sonhos*, que estrutura a narração das origens do homem de maneira tal que não é possível interpretar a ausência da narração do primeiro pecado como devida à pura omissão, pelo pouco interesse pelo tema. Adão foi um justo e o pecado anão existiu no mundo antes da queda do diabo e de Caim. Penso, portanto, que a omissão da narração do pecado do Éden seja voluntária e responda a uma teologia que queria claramente fazer remontar a um ser de natureza angélica a origem do pecado.

A contraposição com o sadocitismo é evidente e resume-se no fato de que o cosmo, que para uns era ordem, uma ordem que o templo tinha a obrigação de manter, para os outros era desordem, e a existência do templo era disso a consequência e a demonstração. Para explicar essa contraposição entre henoquismo e sadocitismo, que nas origens foi verdadeiramente radical, foi aventada a hipótese, que me parece provável, de que o henoquismo seja a teologia que se formou no círculo de sacerdotes que Isaías expulsou do templo. Na história, depois, o henoquismo andou sempre mais se aproximando das ideias sadocitas, ao menos até a metade do séc. I a.C., quando uma boa parte dos henóquios aderiu àquele movimento ao qual já os antigos deram um nome: o essenismo. De qualquer forma, o cosmo aparece como uma ordem já no henóquio e antigo *Livro da Astronomia*.

4. Jó e a fraqueza/impureza do homem

Como vimos na primeira parte deste livro, também dentro da grande tradição hebraica, confluída depois para a sadocita, a categoria do "sagrado/profano – impuro/puro" carregava ambiguidades e incertezas que, antes ou depois, deviam apresentar-se à razão na busca de soluções satisfatórias. Israel era sagrado, mas isso não impedia que os hebreus pudessem encontrar-se na impureza. O sagrado era força ligada à divindade, mas não estava clara a relação entre as duas realidades: Deus era disso senhor, ou não? O próprio valor da impureza não era claro: a impureza, enquanto realidade da natureza, era um fato que de per si não era nem bom nem mau e que, enquanto pertencente à natureza, podia também ser dito bom, como tinha proclamado o Sacerdotal em relação à serpente (*Gn* 1,25). Mas, em todo caso, a impureza devia ser sentida desde há muito como algo de negativo, ao menos porque despotencializadora: "na Assíria, comereis alimentos impuros", havia dito Oseias (*Os* 9,3), onde "impuros" não podem ter senão um valor metafórico negativo.[1]

[1] O texto hebraico lê: *wb'shwr tame' y'wklw*. Dada a argumentação idolátrica, o texto é seguramente antigo. Cf. W. R. Harper, *Amos and Hosea*, T & T Clark,

Paralelamente a observações de tipo racional como as que esquematizei acima, podiam agir no ânimo de alguns hebreus observações empíricas mais simples produzidas pela percepção de que o contato com o sagrado e com o impuro não produzia nenhuma das consequências que a tradição recordava.

No livro de Jó, que é muito mais racional do que se pensa à primeira vista, o sentido do sagrado parece desaparecido, mesmo que seja com um êxito muito diferente daquele do quase contemporâneo *Livro dos Vigilantes*. O Deus de Jó não mata por causa de sua presença. O Deus de Jó fere deliberadamente com suas flechas lançadas contra mirados alvos humanos:

> "Eu estava tranquilo e ele me arruinou,
> agarrou-me pela nuca e me afundou o crânio,
> fez de mim seu alvo.
> Seus arqueiros fazem a mira sobre mim,
> sem piedade me atravessa os rins
> e derrama no chão meu fel" (*Jó* 16,12-13).

O Deus que toma Jó como mira é um deus terrível, mas não santo. É um deus incompreensível por sua força que não conhece regras. O sagrado tinha suas normas: quem o respeitava não precisava temê-lo. Esta queda do sagrado repercute sobre toda a religiosidade de Jó: já não há mais sentido falar de uma aliança de

---

Edinburg, 1905, p. CLIX; E. Jacob, *Osée*, Delachaux et Niestlé, Neuchâtel, 1965, p. 67; F. I. Andersen-D. N. Freedman, *Hosea* (The Anchor Bible 24), Doubleday, Garden City, 1980, p. 515.

Deus com os homens ou simplesmente com os hebreus. Para que uma aliança tenha sentido, é preciso que haja uma força, como o sagrado, que garante ambos os contraentes, como pressupõe a cena da estreita aliança no sangue dos novilhos, ou é preciso que haja um juiz que se erga acima das partes. Jó não leva em consideração a primeira hipótese e, pelo que toca à segunda, observa que no caso da aliança com Israel, Deus não era só parte, era também o juiz.

> "Deus não é um ser humano como eu, a quem eu possa dizer: 'Compareçamos juntos em juízo'. Oh, se entre nós houvesse um árbitro que pusesse a mão sobre nós dois, para afastar de mim a vara de Deus, de modo que seu terror não mais me amedrontasse" (*Jó* 9,32-34).[2]

O Deus de Jó pode transgredir a aliança feita outrora com Israel, porque não há, evidentemente, nenhuma força que seja capaz de constrangê-lo a estar de acordo: não há nem força cósmica nem força de juiz.

O mal-estar do autor do livro de Jó, diante da concepção tradicional do sagrado e do impuro, aparece também em sua visão do homem. É um mal-estar que se expressa em termos totalmente hebraicos, porque advém de uma problemática que é só hebraica: Jó não conhece o confronto com o pensamento grego, como acontecerá em seguida. É apenas a insuficiência de sua tradição que lhe causa dificuldade.

---

[2] Cf. P. Sacchi, *Giobe e il Patto (Giobe 9,32-33)*, in "Hen" 4 (1982), p. 175-184.

Se, de acordo com o esquema clássico, o profano não tocado pela impureza era estrutura plena de força, essa estrutura não pareceu existir para Jó na realidade das coisas. A realidade do homem é sua fraqueza: é "uma palha seca, uma folha levada pelo vento" (*Jó* 13,25), mas a fraqueza é o que a tradição considerava consequência de impureza. A Jó, essa situação de fraqueza conatural ao homem aparece como indício, ou, exatamente, como prova de sua impureza natural. É precisamente à luz do conceito tradicional de impuro que Jó pode pensar que na natureza do homem exista qualquer coisa de impuro.

> "O homem, nascido de mulher,
> tem a vida curta, mas cheia de tormentos.
> Como uma flor desabrocha e murcha,
> foge como a sombra sem parar.
> E sobre tal ser mantendes abertos vossos olhos
> e o chamais a juízo diante de vós?
> Quem pode tirar o puro do impuro?
> Ninguém! (*Jó* 14,1-4).

A condição humana de caducidade, fraqueza e incapacidade de compreender o sentido das coisas é assim interpretada como impureza. Para Jó, a melhor maneira de caracterizar a natureza do homem é a de considerá-la impura. Nesse sentido, a impureza se torna não mais qualquer coisa de externo ao homem, isto é, ao profano, mas qualquer coisa que constitui a natureza mesma do homem, daquilo que para a tradição sadocita era o profano.

A inovação de Jó é de longo alcance: arrasa a estrutura da categoria do "sagrado/profano – impuro/puro", porque a torna quiástica, de paralela que era: o sagrado concorda com o puro, e o profano, com o impuro. A pureza torna-se, em sua expressão de força, atributo do divino. A impureza, no sentido que Jó atribui a essa realidade, torna-se um atributo humano. Essa nova interpretação do impuro, onde quer que tenha sido acolhida, provocou várias revoluções no pensamento e na espiritualidade. O confronto com o henoquismo contemporâneo mostra que na espiritualidade do tempo havia elementos que favoreciam sua compreensão e sua difusão.

Se, no antigo Israel, continuado no mundo sadocita, a pureza máxima era exigida do sacerdote, e só quando e enquanto oficiava, em um mundo que começava a viver uma espiritualidade, em que o contato com Deus não era um fato momentâneo ligado ao culto, mas um estado, uma condição da alma, a pureza tendia a tornar-se fundamento da vida religiosa; ela já não era sentida como aquilo que dá força para aproximar-se do altar, visto substancialmente como um perigo, mas como o que permite uma maior aproximação cotidiana e contínua com Deus. Dessa forma, a pureza tende a tornar-se um instrumento ideal de vida religiosa, definitivamente, um ideal em si.

Pari passu com a maior valorização da pureza começa a desvalorização da impureza, que é sempre mais vista como ligada ao mal ou como um aspecto do mal. No *Testamento de Benjamim* (*Test Ben* 5,2 [séc. I a.C. em sua forma definitiva]) e, depois, no Novo Testamento, os espíritos malignos podem ser ditos também impuros sem diferença de sentido. Uma confirmação da nova estrutura que a categoria "sagrado/profano – impuro/puro" tinha assumido na mente do hebreu tem-se em *Eclesiastes* (segunda metade do séc. III a.C.), quando divide a humanidade em "justos e iníquos, puros e impuros, bons e maus"[3] (*Ecl* 9,2). "Justos, puros e bons" são três adjetivos que denotam uma mesma parte da humanidade, a dos bons em sentido lato; do mesmo modo, os três adjetivos "iníquos, impuros, maus" conotam a parte oposta. "Puro", se não é sinônimo, é certamente ligado a "bom", precisamente como "impuro" torna-se sinônimo de "mau".

[3] *Maus*: a palavra não está no texto hebraico, mas é pedida pela estrutura da frase com membros paralelos. Em todo caso, está documentada nos Setenta.

5. O nascimento do essenismo
(O livro dos Jubileus)

Como essenismo entendo uma corrente do judaísmo, cujo nascimento pode ser atribuído ao autor do livro dos *Jubileus* e, em linhas gerais, pode ser definido como uma forma de judaísmo, com elementos tanto sacerdotais como henóquios. Os *Jubileus* foram compostos em torno do ano 160 a.C. e representam o esforço de um autor henóquio de fundir, numa só, a teologia sadocita e a henóquia. A base do pensamento dos *Jubileus* é o henoquismo, mas um henoquismo que absorve todos os elementos mais característicos da parte contrária, sistematizando-os de maneira que não destruíssem o sentido do henoquismo. Dando um exemplo, enquanto os textos henóquios, dos quais conhecemos a língua original por mérito dos fragmentos de Qumran, foram escritos todos em aramaico, o livro dos *Jubileus* foi composto em hebraico, a língua da tradição sadocita e da maior parte da Bíblia, no séc. II, a língua, pois, do orgulho hebraico diante dos povos pagãos. O revelador dos Jubileus é Moisés, mas Henoc continua a figura maior do judaísmo.[1]

Os *Jubileus* apresentam-se como uma revelação feita a Moisés nos quarenta dias que ele passou sobre o Sinai. Mas faz parte da revelação a Moisés também a glória de Henoc, que continua superior à de Moisés. Não só Henoc é exaltado como aquele que por primeiro aprendeu e ensinou "a escritura, a doutrina e a ciência" (*Giub* 4,17); não só seu nome está ligado ao calendário solar (*Giub* 4,17-18.21); não só Henoc fornece condições para a verdadeira liturgia do templo (*Giub* 21,10), mas foi levado embora da terra e foi colocado no Éden com a missão de escrever todas as ações dos homens com vistas ao Grande Juízo.[2] Henoc continua maior que Moisés. A autoridade e a grandeza de Moisés são relativas a este mundo, a autoridade de Henoc é a porta que abrirá ou fechará o acesso ao paraíso. Henoc não é ainda o juiz universal do *Livro das Parábolas*, mas é já o grande conselheiro de Deus, que fará o juízo.

O anjo de Deus revela a Moisés parte do conteúdo das sete Tábuas Celestes: na prática, o livro segue a narração bíblica de *Gn* 1,1 até parte do Êxodo. A narração dos *Jubileus* tem como

---

[1] Se a datação dos *Jubileus* no século II a.C. é comum e geralmente precisa até o fim do século, penso que a datação em 160 a.C. seja mais provável, porque são os anos em que, diante da ameaça helenista, sadocitas e henóquios tendem a unir-se. Vejam-se os livros de Daniel e o *Livro dos Sonhos*; o primeiro, de matriz sadocita; o segundo, de matriz henóquia. De qualquer forma, os *Jubileus* são a expressão mais completa desta atmosfera.

[2] Cf. L. Rosso Ubigli, *La fortuna di Enoc nel giudaismo antico*, in "ASE" I (1984), p. 153-163, p. 160.

herói e protagonista Moisés, o grande revelador dos sadocitas, mas é um Moisés a quem Deus faz revelações que vão além da lei mosaica. A lei mosaica foi aceita pelo autor dos *Jubileus*, mas com um valor que em termos modernos poderia ser dito puramente histórico, enquanto lei dada no tempo, ao passo que a lei das Tábuas Celestes existia desde sempre, era aplicada pelos anjos e por eles tinha sido revelada também aos primeiros patriarcas. A lei do sábado era observada pelos anjos desde os inícios (*Giub* 2,30), era lei eterna (*Giub* 2,32).

Aceitando a lei de Moisés, o autor dos *Jubileus* aceitava implicitamente todo o sistema do puro e do impuro, aceitava inclusive todas as purificações que dele se seguiam. Como os anjos observavam a lei do sábado desde os inícios da criação, assim as regras da purificação foram aplicadas pelo próprio Deus para a criação de Adão e Eva e para sua introdução no Éden (*Giub* 3,9-11). A lei de Moisés é válida enquanto repete a das Tábuas Celestes. Lê-se em *Giub* 23,32: "Moisés escreve estas palavras, porque assim está escrito nas Tábuas Celestes". Isto é, a Lei de Moisés tem valor porque corresponde, e até onde corresponde, à das Tábuas Celestes.

Por outro lado, nas Tábuas Celestes há coisas mais particularizadas e talvez um pouco mais variadas que na Lei de Moisés. A festa das Semanas, por exemplo, torna-se a festa dos Juramentos[3] e dura um só dia. Isso confirma que a Lei de Moisés tem valor

[3] A passagem de "Festa das Semanas" à "Festa dos Juramentos" é um caso de reinterpretação de uma palavra hebraica. "Juramentos" e "semanas" são, com efeito, escritas em hebraico com as mesmas letras. São somente as vogais não escritas que mudam.

na história, mas é inferior à lei das Tábuas Celestes: é destinada a ser superada. Também o templo de Jerusalém, enquanto oficiado por um sacerdócio inapto, devia ser superado, e a própria liturgia modificada segundo normas que tinham sido ensinadas por Henoc (*Giub* 21,10). No fim dos tempos, Deus teria vindo (ou retornado?) a habitar no meio dos homens (*Giub* 1,26).

É claro, portanto, que para os essênios existiam todas as impurezas cotidianas de que falava a Lei mosaica, mas que valor tinha no essenismo aquela impureza henóquia que estava na raiz do próprio mal? À espera de qualquer estudo que esclareça esse aspecto do essenismo em geral, aguardamos o êxito desse problema dentro de uma comunidade essênia especial, a de Qumran.

6. A Comunidade de Qumran e o Sagrado

Como testemunham autores hebreus do século I, contemporâneos dos acontecimentos que contam, os essênios moravam em grupos, de maneira que pudessem viver certa vida comunitária, disseminados um pouco por toda parte no território palestino e talvez fora deste. Assim, podiam existir vilarejos essênios, como quarteirões inteiros essênios, dentro de uma cidade.[1] Ao menos, no caso de duas sedes essênias, temos a documentação direta: a documentação muito abundante da comunidade que residia na foz do wadi Qumran, sobre as margens norte-ocidentais do Mar Morto, e aquela, mais escassa, de sede não localizada, na qual foi composto o *Documento de Damasco*. Se certos motivos de fundo

[1] Filão, *Apologia (Hypotheika)*, § 1: "O nosso legislador tem iniciado uma multidão de seus discípulos a viver em comunidade; aqueles que têm aceito essa vida são chamados essênios; creio que mereceram esse título pela santidade da sua vida. Moram em numerosas cidades da Judeia e também em vilarejos e em grandes grupos", in Eusébio de Cesareia, *Praeparatio Evangelica*, 8,11,1-18. Flávio Josefo, *Bell Iud* 2,124: "(Os essênios) não formam uma só cidade, mas em cada cidade têm domicílio em grupos".

deviam ser partilhados por todos, cada sede tinha certamente suas próprias regras particulares. A rica documentação das grutas de Qumran permitem-nos ter uma ideia bastante detalhada da comunidade que vivia naquele lugar e nos permite recriar com exatidão alguns traços da história.

Em linhas de princípio, podemos ocupar-nos de que a teologia qumrânica, como toda outra teologia essênia, devido à origem, participasse das exigências tanto do henoquismo quanto do sadocitismo. De acordo com o henoquismo, em Qumran não há sinal do sagrado que mata ou que simplesmente exige uma clara separação do profano: isso ao menos pelo diz respeito ao culto e à oração. A aspiração à fusão mística com Deus é muito evidente. Era talvez um caminho reservado a poucos, mas, diante dos escritos qumrânicos, a impressão de encontrar-se diante de um grupo com fortes tendências místicas foi clara desde a primeira leitura dos achados, quando ainda não era claro nem de que época nem de que tendência fossem.[2] A mística, entendida como união real com Deus, é possível, nestes tempos pré-cristãos, só lá onde existiam estruturas espirituais de tipo henóquio, que não punham limites impenetráveis entre Deus e os fiéis, entre o sagrado e o profano. Se a espiritualidade qumrânica não punha barreiras entre Deus e a comunidade, colocava-as, claríssimas, entre a comunidade e o resto do mundo. Mas isso é outro assunto.

---

[2] Veja primeiras publicações do Dupont Sommer, *Aperçus préliminaires sur les manuscrits de la Mer Morte*, Maisonneuve, Paris, 1950, e *Nouveaux aperçus sur les manuscrits de la Mer Morte*, Maisonneuve, Paris, 1953.

Deus não é só o sagrado,[3] o santo de Israel:[4] seu atributo fundamental torna-se seu próprio ser divino, sua divindade. Assim se lê nas primeiras linhas dos *Cânticos do Sábado*:[5] "Louvai [o Deus de...], ó arcanjos,[6] santos dos santos (santíssimos[7]); e em Sua divindade[8] [...]" (4Q400, fr. 1,II.1.2).

---

[3] Veja 1QM 12,8 e 19,1; 4Q372, 1,29; 4Q403; 11Q5, 26,9; 11Q19, 48, 10 e 7.

[4] Veja 4Q162, 2,7 e em outras partes.

[5] Cf. C. Newsom, *Songs of the Sabbath Sacrifices: A Critical Edition* (Harvard Semitic Studies 27), Scholar Press, Atlanta, 1985. Texto hebraico: *hllw [l'lwhy...]h 'lwhy kwl qdwshy qdwshym wb'lwhwtw...* .

[6] *Arcanjos*: Dada a lacuna do texto, a tradução de *'lwly* como "arcanjos, anjos superiores" é apenas muito provável. Com efeito, a palavra *'elohim*, que em hebraico bíblico significa só deuses ou Deus, no hebraico qumrânico indica comumente os anjos superiores. Nesse caso, temos um superlativo hiperbólico formado não por dois substantivos (tipo "canto dos cânticos" ou "santo dos santos"), mas por três: "anjos dos santos dos santos", em que santos é sinônimo de anjos.

[7] *Santíssimos*: a palavra aqui traduzida como "santo" é a mesma que normalmente tenho traduzido como "sagrado". Só que, em certos casos, o uso italiano rebela--se contra a tradução dita literal. Mas é claro que, com a palavra *qadosh,* os qumrânicos entendiam aqueles seres particularmente carregados de sacralidade, que eram os anjos e, dada a natureza do sagrado, os anjos mais elevados, enquanto disso mais partícipes, eram mais sagrados que os anjos inferiores.

[8] *Sua*: a waw "sua" é clara, mas parece que eliminada pelo escriba. Da mesma forma, a Newsom na *Editio princeps*. Cf. DJD 11, p. 177. Seja como for que em Qumran se fale da divindade como da característica suprema de Deus, conclui--se também do texto 4Q287, fr. 2ª, 8: *shem kevod 'elohukah* e de 4Q403 fr. 1, 33 *'elohut kevodo*, "a divindade da sua glória". Em todo caso, em Qumran, pode-se falar da sacralidade de Deus.

Deus está no alto, acima do templo cósmico,[9] e debaixo dele há sete sumos sacerdotes angélicos, *'elohe qedosh qedoshim*, "anjos[10] dos santos dos santos". A sacralidade é tanto mais presente nos sacerdotes mais altos, quanto mais alta é sua posição e deles desce sobre todos aqueles que fazem parte do templo cósmico até lhes tocar a base, ou seja, os qumrânicos.

O conceito de sagrado parece inadequado para indicar o divino. Até os arcanjos mais altos, pode-se falar de sacralidade, mas, evidentemente, exatamente porque se pode falar de sacralidade a propósito dos anjos, Deus deve estar além, e o único termo abstrato que possa indicar sua realidade é o formado por seu próprio nome. Pela primeira vez, em hebraico, aparece o termo abstrato *'elohut*, "divindade".[11] Mas o sagrado já não mete medo e torna-se, antes, o estado ideal e desejado da natureza humana mais profunda. Manter a própria sacralidade significa viver em comunhão com os anjos no templo cósmico.[12]

---

[9] *Templo cósmico*: a comunidade de Qumran considerava a si mesma como o verdadeiro e próprio templo de Deus que tinha os fundamentos na terra, obviamente na comunidade, e o vértice no céu.

[10] Esta palavra que no hebraico bíblico, além de os deuses, indicava Deus, porquanto fosse uma forma plural, na língua da época pré-cristã cessa comumente de indicar Deus e passa a indicar os anjos superiores: nós diríamos os arcanjos.

[11] O termo aparece ainda nos *Cânticos do Sábado* (4Q403, fr. 1, 33) e em 4Q287, fr. 2, 8, em contexto muito fragmentado.

[12] Cf. Rosso Ubigli L., *Israel et la communion des saints: Esquisse d'une nouvelle approche du problème*, in "Les quatre fleuves" 25-26 (1988), p. 7-15.

7. O sagrado em Qumran e no essenismo em geral

Segundo Flávio Josefo, era elemento fundamental da teologia essênia a proibição de jurar. Vale a pena pesquisar os limites desta afirmação e quais motivos poderiam incentivar os essênios nessa linha. A nova concepção do sagrado não deve ter sido estranha à proibição de juramento, que, em todo caso, não era absoluto.

Escreve Flávio Josefo:

> "Tudo o que dizem (dos essênios) tem mais força que um juramento: abstêm-se de jurar, porque consideram a coisa pior do que o perjúrio..." (*Bell Iud* 2,135).
>
> "Todavia (o adepto), antes de tocar o alimento comum, presta seus terríveis juramentos: em primeiro lugar, de ser piedoso diante da divindade; depois, de observar a justiça para com os homens... Com tais juramentos, eles asseguram-se da fidelidade daqueles que entram na seita" (*Bell Iud* 2,139-142).

Do confronto entre esses dois trechos, resulta que os essênios, como eram conhecidos por Flávio Josefo, proibiam o juramento, mas apenas se feitos por motivos levianos. Além disso, parece poder-se deduzir dessas duas passagens, dada a falta de qualquer casuística, que eles conheciam um tipo só de juramento, o feito sobre Deus.

O exame dos textos qumrânicos confirma a notícia de Flávio Josefo, em linhas gerais, e lança luz sobre algumas particulares.

Lê-se na col. 5 da *Regra da Comunidade*:

> "Quem quer que entre no projeto da comunidade entrará na Aliança de Deus na presença de todos aqueles que se ofereceram voluntariamente. Ele se comprometerá sobre si mesmo, com um juramento vinculante (isto é, válido), a converter-se à Torá de Moisés, segundo tudo aquilo que ordenou, com todo o coração e com toda a alma, segundo tudo o que por ela foi revelado aos filhos de Sadoc" (1QS 5,7-8).

É a esse mesmo juramento fundamental que faz referência uma das *Hodayot*:

> "[E]u tenho o conhecimento graças à abundância da Tua bondade; com juramento (*shbw'h*) comprometi-me sobre mim mesmo a não pecar contra Ti" (1QH 6 [14], 17).

É notável que nesse compromisso fundamental não compareçam nem o verbo "jurar" (*nshb'*) nem o nome de Deus: o qumrânico não jura, mas compromete-se sobre si mesmo. Também no caso do compromisso fundamental, o de ficar fiel ao ensinamento da comunidade, o verbo "jurar" desapareceu junto com o nome da figura divina sobre a qual se jura. O verbo "jurar" é substituído por *hqym 'l nfshw* "comprometer-se sobre a própria alma, vida, sobre si mesmo". Que este último seja o significado da expressão é confirmado pela existência da mesma fórmula com o simples pronome no lugar de *nfshw* (veja DD 15,6).

Por outro lado, Qumran conhecia ainda o juramento verdadeiro e próprio, no sentido de que o gesto era completado com o verbo jurar, mas usava-o com muita cautela e limitado ao tribunal.

> Em relação ao juramento (*shbw'*) – Por isso que está escrito "Não te farás justiça com as próprias mãos (*1Sm* 25,26), aquele que fizer o outro jurar em um campo aberto, em vez de diante dos juízes e depois de ordem sua, terá feito a si mesmo justiça com as próprias mãos (coisa proibida)" (DD 9,8-10).

Portanto, diante do juiz, e só diante dele, o juramento era permitido, antes, imposto. No início, conquanto obscuro, da coluna 15 do *Documento de Damasco,* temos uma casuística em relação às fórmulas de juramento. Desta deduzia-se que o nome de Deus, ou de coisa a ele estreitamente conexa, não devia jamais ser pronunciado.

> "Ninguém ju]re nem sobre *alef lamed*, nem sobre *alef dalet* (isto é, sobre Deus, que é escrito com as letras *alef* e *lamed*, nem sobre um apelativo seu: *alef dalet = Adonay*), mas (faça) o juramento daqueles que entram na comunidade:

sobre as maldições da Aliança, sem nomear a Lei de Moisés, porque nela há a enunciação (*prwsh*)[1] completa do Nome.

De fato, se alguém jura (*scil.* sobre Deus), e depois transgride, profana o Nome. Se (jura) sobre as maldições da Aliança [por ordem de] os juízes, e depois transgride (*scil.* o juramento), é culpado. Mas, se confessar e pagar, não será réu de morte" (DD 15,1-4).

Se não entendo mal o que restou do texto, parece-me que o sentido seja este. O juramento na vida cotidiana era proibido. Diante dos juízes podia-se, melhor, devia-se jurar (verbo *nshb'*), mas sem nomear Deus de forma alguma, nem mesmo a Lei, mas devia-se jurar só sobre maldições da Aliança, coisa que produzia o compromisso do juramento, mas sem envolver diretamente a divindade. Nem mesmo o adepto que entra na seita prestava um verdadeiro juramento, porque se limitava a comprometer-se sobre si mesmo. Embora o sentido seja o mesmo, o verbo é claramente diverso; esse compromisso é todavia chamado "juramento" em DD 15,6. Ao contrário, diante dos juízes jurava-se, usando o verbo "jurar", mas sempre sem nomear a divindade, nem de maneira explícita nem implícita. Desse texto, deduz-se que a profanação do Nome, cujo temor está na base das prescrições essênias, não dependia da menção, mesmo que só misteriosa, do nome divino enquanto tal, mas do fato de que, se o juramento tivesse sido transgredido, o pecado teria efetivamente provocado a profanação do Nome.

---

[1] *Prwsh*: estou incerto em relação à vocalização dessa palavra. Parece querer dizer algo como "esclarecimento analítico". Talvez queira dizer que na Torá há o nome de Deus escrito claramente.

A evolução da forma do juramento em relação à lei deuteronômica é evidente. Em *Dt* 6,13 estava escrito: "Em seu nome pronunciarás os teus juramentos". A preocupação da legislação deuteronômica era evidentemente anti-idolátrica: queria evitar que se jurasse sobre divindades diversas de Javé. *Dt* 10,20 é ainda mais explícito, porque repete a fórmula precedente, mas adiciona o advérbio "somente". Em outros termos, o juramento feito mesmo sobre divindades diversas de Javé era sempre um juramento, porque o juramento tinha valor vinculante enquanto movia uma entidade, uma força que garantia a verdade ou o cumprimento de uma ação. O nome da divindade era originariamente só instrumento para colocar em movimento uma realidade sentida como aparentemente a única natureza das coisas do mundo. O problema referia-se só ao deus escolhido como veículo da ação de jurar. O hebreu, fiel a seu deus, não podia senão jurar sobre ele. Em termos nossos, a questão moral dizia respeito à escolha da divindade sobre a qual jurar, não à força do juramento.

Mas a perda do conceito de sagrado, como se tem em Jó, ou sua limitação às esferas angélicas sem tocar a divindade, como se tem na teologia qumrânica, provoca a perda do sentido do juramento como de ato humano voltado a tornar-se absoluto enquanto capaz de envolver forças superiores ao homem. Para os essênios, Deus torna-se simplesmente uma testemunha ou uma garantia: o juramento tornou-se um gesto puramente humano, que não deve profanar o Nome. A profanação, pois, não depende do haver envolvido Deus, mas da possibilidade de o juramento ser ou estar por tornar-se um perjúrio.

Em conclusão, aos essênios era proibido jurar na vida do dia a dia; diante dos juízes, o juramento era permitido de forma que não envolvesse jamais o nome divino, nem direta nem indiretamente.

Tem um interesse particular para a história o fato de, para os essênios, o juramento ser possível, com as devidas cautelas, diante dos juízes. Há nisso qualquer coisa de novo que não sei definir com precisão, mas que tem tido uma grande importância no desenvolvimento da moral cristã em relação ao juramento. De acordo com a concepção hebraica mais antiga e mantida até pelo farisaísmo, o testemunho diante dos juízes era um dever sancionado por um mandamento do decálogo, mas sem que isso comportasse um juramento. O fato de no essenismo, ou pelo menos em alguma comunidade essênia, os juízes poderem fazer jurar mostra que o oitavo mandamento não era mais sentido como autônomo em relação a qualquer declaração de uma verdade. Parece que esse mandamento podia ser interpretado como "não mentir" e, nesse sentido, necessitado de ser acompanhado, em correspondência a situações graves, por qualquer compromisso igualmente grave.

8. A comunidade de Qumran e a concepção radical da impureza

A propósito da impureza, a fusão de elementos sadocitas e henóquios deu lugar, na comunidade de Qumran, a uma concepção do impuro que, mesmo mantendo os traços das duas teologias mães, foi todavia nova e foi a base de uma interpretação da realidade humana, que foi característica por sua radicalidade. Em Qumran, a impureza teve, ao mesmo tempo, a característica da natureza humana contaminada, coisa que a aproxima do henoquismo, e a característica da força negativa, típica do sadocitismo, inserida em muitas coisas, animais e situações dos homens. A consequência da fusão desses dois elementos foi uma visão das coisas em que a impureza era difusa, como no sadocitismo, e maligna, como henoquismo.

Em Qumran, a Lei mosaica tinha pleno valor e eram respeitadas todas as normas de pureza que ela prescrevia; e mais, sua aplicação devia ser particularmente rígida.[1]

---

[1] Até ir ao banheiro comportava para os essênios alguma preocupação. Flávio Josefo conta (*Bell Iud* 2,148-149) que aos sábados os essênios não iam ao

Ao lado da impureza, como era indicada pela Lei mosaica, e das relativas purificações, havia em Qumran ainda outra impureza, que derivava da teologia henoquista, mas que encontrava, de qualquer modo, confirmação na teologia de Isaías; antes, podia funcionar como suporte e interpretação radical desta.

Segundo o henoquismo, nas origens da humanidade havia acontecido uma grave contaminação que gravava sobre toda a história de todos os homens. Havia acontecido um pecado angélico que de algum modo tinha deteriorado a natureza das coisas e, em particular, a natureza humana. Entretanto, em Qumran, o mito não encontrou espaço, e a concepção teológica referente à natureza humana exposta à contaminação do pecado angélico variou um pouco, a ponto de permitir inseri-la no complexo da teologia qumrânica. De um lado, os qumrânicos rechaçaram a ideia de que pudessem ser ou ter sido rebeldes e pecadores por meio dos anjos. É uma ideia que se encontra também na quase contemporânea *Carta de Henoc.*[2]

---

banheiro. A coisa, à primeira vista incompreensível, toma um significado, se se colocam em confronto normas diversas tiradas da *Regra da Guerra* e do *Documento de* Damasco. O autor da *Regra da* Guerra deu disposições para a construção do acampamento em vista do grande embate para a libertação final. Retomando a passagem de *Dt* 23,13-15, que impunha aos hebreus depositar os excrementos fora do acampamento, ele acrescenta a distância em que deverá ser preparada a fossa e a fixa em 2.000 côvados (1QM 7,6-7). Sabemos, porém, pelo *Documento de Damasco* (10,21) que o espaço que os essênios podiam percorrer aos sábados era só de 1.000 côvados. Isso explica o drama essênio ilustrado por Flávio Josefo: evidentemente, o confronto entre as duas normas tornava inaplicável aos sábados aquela relacionada aos excrementos.

[2] Cf. P. Sacchi, *Enoc Etiopico 91,15 e il problema della mediazione*, in "Hen" 7 (1985), p. 257-267, reproduzido em *L'apocalittica giudaica e la sua storia*, Paideia, Brescia, 1990, p. 187-198.

De outro lado, tiveram um conceito tão vasto e totalizante da onipotência divina que consideraram o conjunto da história uma manifestação da vontade divina de Deus ao lado do cosmo. Se já existia a ideia de que a história tinha sido pré-ordenada por Deus até o fim, que havia previsto, os qumrânicos a radicalizaram estendendo-a até a vida dos indivíduos. Em outras palavras, os qumrânicos foram predeterministas.[3]

Desaparecido o mito da queda dos anjos e considerada a história como criação divina, a responsabilidade direta do mal não podia senão vir de Deus mesmo. Foi Deus mesmo que havia criado dois seres angélicos superiores, poderíamos dizer dois arcanjos, a cada um dos quais deu um reino para governar, o do Bem e o do Mal, o reino da Luz e o reino da Treva. O primeiro arcanjo teve provavelmente o nome de Melquisedec ("Rei de Justiça"), o segundo podia ser indicado com mais nomes,[4] mas aparece também com nomes diversos e bem conhecidos pela nossa tradição: Belial, Beliar, Mastema, Satanás: em suma, o diabo.

A teologia qumrânica distingue-se claramente da henóquia, não tanto pelas consequências da crença na existência do diabo, quanto por conceber o diabo não como anjo rebelde, mas como anjo malvado criado tal por Deus.

---

[3] Não está claro se foi pré-determinista todo o essenismo ou o foram algumas partes dele. Sou pela segunda solução. Cf. G. Boccaccini, *Oltre l'ipotesi essenica; lo scisma fra Qumran e il giudaismo enochico*, Morcelliana, Brescia, 2003 (original 1998), p. 298ss.

[4] Cf. C. Martone, *Evil or Devil? Belial from Bible to Qumran*, in "Hen" 26, 2004, p. 115-127.

Por outro lado, como das impurezas cotidianas existia a possibilidade de purificar-se por meio de purificações adequadas, aquelas estabelecidas pela lei mosaica, assim o qumranismo pensou em uma purificação que fosse capaz de libertar o homem da impureza ôntica, que faz parte de sua própria natureza.

A impureza em Qumran vem a coincidir substancialmente com o pecado e com o mal: paralelamente, teve-se o sentido muito vivo da libertação do mal que atormenta o indivíduo como um caminho progressivo de purificação. Impureza e pecado coincidem e fazem parte da própria natureza do homem. A libertação do pecado é libertação da impureza, é purificação.

> "O homem está no *'awon* ("pecado", mas diferente da transgressão) desde o útero" (1QH 12 [4],29-30).

O *'awon* é uma *res*, uma mácula que se agarra ao homem desde a concepção: faz parte, portanto, de sua própria natureza. Dessa impureza conatural ao ser homem, qualquer um pode purificar-se, mas não por meio das purificações conhecidas pela tradição sadocita:

> "Quem quer que recuse entrar [na Aliança de D]eus (ou seja, na comunidade), agindo na dureza de seu coração..., não pode ser contado entre os justos... Ele não pode tornar-se justo... Não será purificado pelos ritos expiatórios; não será tornado puro[5] pela água lustral; não será torna-

[5] *Purificado... puro:* traduzo da mesma forma dois verbos hebraicos diversos, *zkh* e *thr*, porque eu não soube como chegar à diferença de sentido: o primeiro, dado o contexto, indica a pureza de quem se libertou dos pecados, enquanto o segundo indica antes a libertação das impurezas indicadas pela lei mosaica.

do santo[6] pela água dos mares nem da (5) dos rios; não se tornará puro nem mesmo com todas as águas de ablução. Ficará totalmente impuro...[7] porque é por meio do espírito da Assembleia fundada sobre a Verdade de Deus que são expiadas todas as ações do homem, (7) todas as suas culpas"[8] (1QS 2,25 – 3,9).

Traduzi as palavras hebraicas *lo' yitsdaq* com "não pode tornar-se justo", embora a tradução "justificado" se tenha largamente afirmado a partir da tradução do Dupont-Sommer e a tenha usado também eu na edição de 1996 e em outros lugares, porque a tradução literal traz melhor o sentido tal qual devia ser sentido pelo homem de Qumran. O hebraico não conhece nenhum verbo ou substantivo que possa corresponder ao nosso "ser justificado" ou "justificação". Por isso, o verbo *tsadaq* não podia ser sentido como "ser ou tornar-se justo" conforme o contexto. O membro da comunidade tornava-se justo no momento em que aceitava fazer parte dela e, se essa sua nova

---

[6] *Reso santo (Tornado santo)*: traduzo assim o hebraico *ytqdsh*. A raiz indica antes a sacralidade, mas em Qumran "ser sagrados" significa conseguir aquele estado de sacralidade, entendido como união com Deus, que corresponde mais ao italiano "santo" que ao "sacro".

[7] O destino daqueles que não entram ou não conseguem entrar na comunidade é o de continuar imersos em sua impureza ontológica, ou seja, em seu *'awon*, no qual se encontram desde o nascimento.

[8] *Azioni... colpe (Ações... culpas)*: o termo hebraico *derakim*, que aqui traduzo como "ações", é mais genérico que o português. O sentido é que a vida do homem é sempre culpável, seja o que quer que faça, se não adere à comunidade e aceita todas as suas normas.

condição, em nossa conceituação, é claramente a condição de justificado, entretanto para os homens da comunidade significava simplesmente "ser entrados na verdadeira dimensão da justiça", isto é, "ser tornados justos".

Naturalmente, essa purificação excepcional não exclui que o essenismo tenha continuado todos os ritos de purificação previstos pela tradição sadocita; os ritos continuam, mas só para purificar os estados de impureza, digamos assim, histórica, aqueles que o homem pode contrair nas várias ocasiões da vida; da impureza conatural ao homem, purifica-se somente por meio da adesão à seita, ou seja, com um ato que pode ser definido como de fé baseada nas palavras mesmas da comunidade:

> "Deus os libertará do Juízo (*yetsilem mibbet hammishpat*) por aquilo que sofreram e por sua fé (*be'emunatam*) no Mestre de Justiça" (*pHab* 8,1-3).

A imagem do Juízo é extremamente concreta. *Bet hammishpat* é o tribunal: o fiel não entra nem mesmo no tribunal de Deus. Por isso, traduzi *'emmunah* com "fé" antes que com "fidelidade", porque se a palavra tem desde antigamente o significado de fidelidade", todavia é usada nesse lugar com uma construção nova, ignorada pela tradição precedente (*'emunah be*, isto é *'emunah* em). Isso é indício de um possível deslize semântico, que é confirmado pelo contexto.

Resumindo, pode-se dizer que, em Qumran, impureza e pecado venham a coincidir, mas deve ser relevado que o pecado que coincide com a impureza é dito *'awon*, palavra que indica, ao menos em contextos desse gênero, mais uma mácula que se agarra ao indivíduo, como consequência de suas transgressões ou, precisamente, como consequência de seu próprio ser nascido homem, que a transgressão verdadeira e própria. Para ela, estão em uso outros termos.

A inversão da categoria "sagrado/profano – impuro/puro", já documentada no livro de Jó, encontra em Qumran um desenvolvimento amplo, profundo, absolutamente coerente. Característica da interpretação tradicional da categoria era a autonomia efetiva dos dois princípios: Deus e homem encontravam-se em polos opostos de um cosmo, nos quais cada um era livre em sua esfera. Nesse sentido, a Lei era instrumento de liberdade, porque servia para indicar ao homem os limites aquém dos quais ele devia ater-se para exercitar a própria criatividade. A Lei é um sistema que não impõe nada ao indivíduo enquanto tal, mas apenas enquanto homem.

Com a nova espiritualidade, o espaço do profano desaparece: o homem já não é a sede, digamos assim, natural do profano, mas do impuro. Com isso, desaparecem os valores ligados à percepção e ao sentido do profano: desaparece o sentido da liberdade do homem que livremente colabora com seu criador dentro dos limites que só a Lei pode pôr-lhe. A sociedade dos homens parece dominada pela impureza, que é apenas um aspecto do mal: os noviços da comunidade são ainda impuros, como impuros são os hebreus que não aceitam entrar para fazer parte da comunidade; Jerusalém está contaminada; todos os pagãos são impuros.

A aspiração do homem de Qumran é fazer integralmente a vontade de Deus, uma vontade que agora se volta para o indivíduo, para pedir-lhe ou impor-lhe que cumpra o que quer dele. O pré-determinismo qumrânico também neste caso adaptou a si mesmo uma ideia que tinha nascido com o livro dos *Jubileus*: segundo a espiritualidade essênia, as escolhas cotidianas não podiam e não deviam resolver-se em escolhas vindas de nossa vontade, obviamente nos limites da Lei, mas mais profundamente deviam derivar de nossa livre adesão aos planos divinos. Em *Giub* 12,20-24, narra-se com algumas variantes o episódio de Abraão que abandona Ur. A narração dos Jubileus faz Abraão fugir de Ur, porque perseguido por pagãos, não pelo mandamento divino. Em sua fuga, Abraão chega a Harran, onde foi apanhado por uma embaixada dos habitantes de Ur, que se arrependeram de tê-lo perseguido e o convidam a voltar à pátria. Voltar à pátria ou dirigir-se para qualquer outro lugar não é problema moral, mas para Abraão torna-se problema fundamental da existência: volta-se para Deus em uma oração que é livre oferta da própria vontade:

> "Que a via justa a teus olhos floresça nas mãos de teu servo, para que eu possa segui-la sem perder-me atrás dos delírios de meu coração...".

Abraão não obedeceu a uma ordem de Deus, como na Bíblia sadocita; Abraão coloca-se livremente a serviço de Deus.

O pré-determinismo qumrânico não admite essa liberdade: o que acontece ao homem não é uma prova, é apenas o revelar-se do plano de Deus sobre a história. Lê-se em 1QS 9,23-25:

"(O *maskil*)[9] deve fazer a vontade de Deus em tudo o que empreende e em tudo o que depende dele, como Ele ordenou. Em relação a tudo o que lhe acontece, nisso encontrará alegria espontânea e, fora da vontade de Deus, não se comprazerá de nada. Deliciar-se-á [com to]das as palavras de Sua boca e não desejará nada que Ele não tenha ordenado, mas estará sempre atento àquilo que Deus quer dele.[10] [Na angústia e na deso]lação bendirá seu criador, em tudo o que pode acontecer narra[rá seus gestos de misericórdia] e O bendirá [com a oferta dos] lábios...".

O qumrânico, uma vez entrado na comunidade, foi libertado da impureza da natureza humana, do pecado, do Mal: entrou na esfera do divino: como o profano oculta-se no impuro, assim o puro desaparece no sagrado. E "sagrados" (*qedoshim*), mas talvez seria melhor dizer "santos", são chamados os anjos que formam uma só comunidade com os eleitos de Qumran. Essa comunidade dos homens[11] e dos anjos existe certamente sobre esta terra. Mas depois do livro de Puech sobre crença dos qumrânicos em alguma forma de imortalidade, parece-me que

---

[9] O *maskil* era o funcionário, se assim se pode dizer, da comunidade, encarregado da formação dos noviços: seu comportamento devia ser particularmente imune de defeitos.

[10] *Cio che Dio vuole da lui (O que Deus quer dele)*: traduzo assim a frase *lemishpat 'l yetsappeh tamid*. Entendo *mishpat* no sentido de "decisão", de "vontade desejada". O *ratson* divino pode ser colhido por meio de seus *mishpatim*, definitivamente por meio dos acontecimentos interpretados à luz da confiança em Deus.

[11] *Alegria eterna na vida sem fim*: *simchat 'olamim bechayye nétsach*.

ao menos um par de passagens da Regra da Comunidade deve ser interpretado no sentido de que os qumrânicos continuam a fazer parte da mesma assembleia depois da morte. Não sei se se pode dizer que os mortos se tornam *qedoshim*, mas seguramente continuam unidos com os anjos. Vejam-se as duas passagens seguintes tiradas da *Regra*:

> "A intervenção divina em favor de todos aqueles que procedem segundo este espírito traz saúde [7]e grande paz, com longa vida e fecundidade, acompanhadas por todas as bênçãos eternas; traz alegria eterna na vida sem-fim, isto é, a glória perfeita com grande esplendor na Luz eterna"(1QS 4,6-8).
>
> "Àqueles que Deus elegeu deu estas coisas como possessão eterna; deu-lhes em herança a sorte (8) dos anjos.[12] Uniu sua (dos qumrânicos) Assembleia à dos filhos do céu, para formar a Assembleia da comunidade e o fundamento da construção santa, destinada a ser uma plantação eterna para todos (9) os tempos futuros" (1QS 11,7-9).

[12] Deu-lhes como herança a sorte dos anjos: *wayyanchilem begoral qedoshim*.

9. Sexo e impureza no judaísmo médio pré-cristão[1]

Na tradução latina[2] do livro dos *Jubileus* (33,18) lê-se: "Não há pecado maior que a fornicação...". Essa afirmação, que hoje pode parecer ao menos estranha e que de qualquer forma mostra uma sensibilidade moral diversa da hebraica clássica, aparece na metade do séc. II a.C. Mas ela pode ser já de algum modo documentada pela tradição hebraica baseada no texto dos LXX:[3] na série dos três grandes mandamentos referentes ao próximo, não

---

[1] Sobre esse tema continua fundamental o artigo de I. Rosso, *Alcuni aspetti del problema della concezione della 'porneia' nel tardo giudaismo*, in "Hen" I (1979), p. 201-245. Este capítulo está baseado nesse artigo.

[2] O texto dos *Jubileus* nas edições dos apócrifos do Antigo Testamento foi traduzido do etíope, porque só nessa língua temos a tradução integral. No texto etíope, a frase parece confusa. Fala-se, seja como for, de um pecado gravíssimo.

[3] A presença de variantes tipo Setenta, descoberta em fragmentos de Qumran, suscitou o problema se o texto grego dos LXX tenha surgido da tradução ou tenha sido antes a tradução de um texto hebraico já diferente do masorético. O problema pode ser considerado ainda em aberto, mas a documentação em favor da hipótese de que o texto grego dependa de um modelo hebraico diferente do masorético faz-se sempre mais sólida. Vejam-se

temos em primeiro lugar "não matar" como no texto hebraico, mas "não cometer adultério"; isto, seja no decálogo do Êxodo, seja no do Deuteronômio. Há algo que foi mudado no sistema dos valores. A ofensa maior que se pode fazer ao próximo parece referir-se à possessão de sua mulher, antes ainda que a sua vida.

Esta mudança da escala de valores não dependeu de uma avaliação diferente da gravidade da ofensa em si, mas do ter avaliado o adultério mais à luz da impureza insanável produzida que em seu aspecto de ofensa ao próximo. Foi um pecado sexual aquele que cometeram os anjos ao descerem sobre aterra, possuídos pelo desejo das mulheres (*Gn* 6,1-4 e sobretudo o *Livro dos Vigilantes* em seu conjunto): a contaminação da terra era fruto de um pecado

---

G. Borgonovo, *Da Genesi a Re: diferenze fra LXX e Testo Masoretico; prolegomeni per uma interpretazione*, in "ASR" 4 (1999), p. 157-170; S. Brock, *The Recensions of Septuaginta Version of Samuel* (QHen 9), Zamorani, Turim, 1996; A Cacciari, *Studi italiani sulla Settanta*, in "Ad" 10 (2004), p. 9-10; A Catastini, *L'originale ebraico dei LXX: un problema ancora aperto*, in "ASR" 6 (2001), p.125-146. G. Dorival, *La Bible grecque des Septante. Du judaïsme hellénistique au christianisme ancien*, Cerf, Paris, 1988[2]. 1997; N. Fernández Marcos, *La bibbia dei Settanta, Introduzione allo studio della Bibbia* (Supplementi 6), Paideia, Brescia, 2000 (edição original 1999); M. Harl, *La place de la Septante dans les études bibliques*, in "EspVie" 112,65 (2002), p. 3-13; C. Martone, *I LXX e le attestazioni testuali ebraiche di Qumran*, in "ASR" 2 (1997), p. 159-174; Idem, *Qumran Readings in Agreement with the Septuagint Against the Massoretic Text. Part one: The Pentateuch*, in "Hen" 27 (2005), p. 53-114. R. D. Miller, *The Greek Biblical Fragments from Qumran in Text-Critical Perspective*, in "BeO" 43 (2001), p. 233-248; D. Revelli, *La* Vorlage *ebraica dei LXX* (Tese de licenciatura não publicada), Turim, 1998; G. Segalla, *La volontà di Dio nei LXX in rapporto al testo masoretico: thelema, rason, hefes*, in "RivBib" 13 (1965), p. 121-143. G. Veltri, *Die Entistehung der Septuaginta in der jüdisch-mittelalterlichen Historiographie; Reception des Josephus und Einfluss christlicher Quellen*, in "Laurentianum" 33 (1992), p. 89-116.

que alguns mitos levavam à sexualidade. O *Liber Antiquitatum Biblicarum* não conhece o pecado dos anjos, mas faz ressaltar em todo caso o mal que se difunde sobre a terra pela impureza causada nas origens do mundo pelos homens que começaram a violar as mulheres do próximo. Eis o texto no curioso latim do tradutor:

> "Et in tempore illo[4] cum iniciassent habitantes terram operari iníqua, unusquisque in uxorem proximi sui, contaminantes eas et corrompere terram" (LAB 2,8).

O latim é gramática e sintaticamemente incorreto, mas o sentido é bastante claro: a terra foi corrompida por uma primeira contaminação, isto é, impureza derivada de um uso, mesmo que desviado, do sexo.

Que o sexo fosse fonte de impureza era concepção bem conhecida também pelo hebraísmo pré-exílico, mas então tratava-se de uma impureza que normalmente não era identificada com o mal. Temos, porém, visto que alguns já antigamente tinham encontrado uma relação entre impureza e mal/pecado. É o cap. 6 de Isaías. Em algumas correntes do judaísmo de época helenista, impureza e mal encontravam sua raiz primeira no sexo.

O mandamento que recitava "Não cometer adultério" foi manifestamente entendido como "não cometer fornicação"[5] (em hebraico *zenut*, em grego *porneía*), como diz o texto dos *Jubileus*

---

[4] Isto é, nas origens da humanidade.

[5] O verbo grego é, tanto no Êxodo quanto no Deuteronômio, οὐ μοιχεύσεις, que tem uma acepção mais vasta que o hebraico *na'af*.

lido acima, traduzido do latim. E a fornicação é indicada como causa da máxima impureza. O texto dos *Jubileus* citado acima, lido em sua inteireza, dizia:

> "Não há pecado maior que a fornicação, dado que Israel é um povo sagrado para o Senhor... um povo de sacerdotes. Tal impureza não pode aparecer em um povo sagrado".

Tudo o que pode lesar a pureza do sacerdote torna-se *zenut*, isto é, impureza/pecado/mal para todo o povo hebraico.[6]

No texto de Isaías, que de algum modo deve ser considerado na raiz da nova concepção da impureza, a relação entre o sagrado e o impuro era vista como uma ameaça para aquele que estivesse em estado de impureza: é por isso que Isaías teme pela própria vida. No texto dos *Jubileus* que lemos, a relação entre sagrado e impuro foi invertida: as duas realidades continuam irreconciliáveis, mas o temor do autor não é pela vida humana que poderia ser destruída pela presença do sagrado, mas antes o temor de que Deus e seu povo sejam profanados. Devia já ser claro por experiência que o sagrado não matava, mesmo se continuava no imaginário coletivo a ideia da sacralidade como valor que podia ser violado.

---

[6] A tendência a estender aos leigos as normas de pureza mais rígidas, que cabem ao sacerdote durante o período em que oficia no templo, é típica do judaísmo do fim do Segundo Templo. É opinião difusa. Cf. C. Newton, *The Concept of Purity at Qumran and in the Letters of Paul* (Society for NTS, Monographs Series 53), Cambridge University Press, Cambridge, 1985, p. 80-81; E. Lupieri, *La purità impura: Giuseppe Flavio e le purificazioni degli esseni*, in "Hen" 7 (1985), p. 15-44.

Lendo o *De Decalogo* de Filão, compreende-se bem como o mandamento que originariamente vetava o adultério tenha sido, em seguida, interpretado no sentido de que o adultério seja somente a expressão da máxima impureza, o exemplo mais claro de impureza, e portanto só este mencionado pela Lei, enquanto na realidade é toda a impureza ligada ao sexo que deve ser considerada proibida. O adultério é sim o pecado mais grave contra os homens, mas abaixo dele estão contidas "numerosíssimas disposições" (*Decal* §§ 168-169).

No *Testamento de Simeão* (*Test Sim* 5,3), a *zenut/porneía* é chamada "mãe de todos os males". No catálogo dos espíritos do erro do *Testamento de Ruben* (*Test Ruben* 2,2 – 3,3), a *porneia* está em primeiro lugar, e como também no *Documento de Damasco* (DD 4,17), no qual se diz que a *zenut* é a primeira das três redes de Belial. A *porneia* pode aninhar-se até no casamento. Em *Tobias* 8,7, o protagonista declara casar-se não *dià porneíam*, mas *ep'aletheías*, não por *porneia*, mas por verdade, ou seja, reto comportamento. Em um fragmento do *Documento de Damasco* lê-se:

> "aquele que se aproxima de sua mulher *liznut* 'para fornicação' (que corresponde exatamente ao *dià porneíam* de *Tobias*) e não de acordo com a norma seja expulso e não retorne mais (à comunidade)" (4Q270 fr. 7, II. 12-13).

O *Testamento de Aser* (*Test A ser* 5,1) fala de *asotía* no casamento.

Os textos lidos até aqui poderiam referir-se só ao problema do reto uso do casamento: por exemplo, a limitação do ato sexual só com a finalidade da procriação. Mas certos textos vão além. Somente do espírito de *porneía* é dito que separa de Deus por avizinhar aos ídolos ou a Belial (*Test Ruben* 4,6 e *Test Sim* 5,3). O espírito de *porneía* é o impulso primeiro para o pecado (*Test Ruben* 3,2); assim do pecado de *porneía* em sentido próprio passa-se, de degrau em degrau, até a injustiça. A *porneía* é, por assim dizer, o princípio unificador de todos os pecados: combater a impudicícia é procurar cortar na raiz a má inclinação que há no homem. Como a *porneía* está ligada ao sexo e ao corpo, assim ao sexo se liga de maneira toda particular o conceito de impureza. Mas a impureza, enquanto de um lado se liga com a *porneía*, do outro se identifica sempre mais com o mal, tanto que os espíritos malignos podem ser chamados indiferentemente maus ou impuros (cf. *Giub* 10,1 e *Test Ben* 5,2 e frequentemente nos evangelhos).

No *Testamento de Issacar* (2,1) lê-se: "Apareceu a Jacó um anjo do Senhor, o qual lhe disse que Raquel teria tido filhos, porque havia desprezado a união carnal (*scil.* com o marido) e tinha escolhido a continência". A procura do ato conjugal é má. Deus concede os filhos como prêmio a quem o renuncia. Além do conteúdo, o texto revela na forma um discreto horror pelo ato sexual. No mesmo Testamento, Issacar declara se ter casado só aos 35 anos (à época, a vida era muito mais breve que agora!) "porque a fadiga havia já destruído a minha força e não pensava no prazer da mulher, mas o sono me vinha por causa da fadiga" (*Test Iss* 3,5). Começa a espreitar furtivamente nesta complexa categoria também o conceito de prazer, que se liga ao de impureza, de mal e de pecado.

Essa ideia de que a raiz do mal estivesse na sexualidade entendida como prazer está claramente presente em Filão. No *De opficio mundi,* ele escreve:

> "Princípio de vida culpável torna-se (para Adão) a mulher: porque, enquanto ele era um, por sua unicidade era semelhante ao mundo e a Deus e levava impressos no espírito os caracteres das duas naturezas. Mas, quando foi plasmada também a mulher, vendo uma figura que se assemelhava a ele e que tinha uma conformação semelhante a sua, àquela visão alegrou-se e, aproximando-se, saudava-a com afeto. E ela, não vendo nenhum ser que se lhe assemelhasse mais, exulta e devolve sua saudação com pudor. E eis que nasce o amor (*eros*) que, juntando, por assim dizer, as partes separadas de um ser único, os uniu juntos infundido em ambos o desejo (*pothos*) de união recíproca, com a finalidade de procriar um seu semelhante. Mas esse desejo gera também o prazer físico, que é princípio de injustiças e transgressões. É por causa do prazer que os homens trocam a vida imortal e feliz pela vida mortal e desventurada" (*Op. mundi* 151-152).

O sexo é, por meio do prazer, a causa do pecado, de todo pecado a partir de Adão em diante. Ainda em Paulo (*1Cor* 6,18) a *porneía* é um pecado particular e terrível: "Fugi da *porneía*! Qualquer pecado que o homem comete é exterior a seu corpo; mas quem pratica a impureza peca contra seu próprio corpo". A impureza existe e revela-se, até em certos autores cristãos, sobretudo no caso de culpas ligadas ao sexo.

Uma ideologia e uma sensibilidade como as que descrevemos acima não podiam não colocar de algum modo também o problema do matrimônio. Para o mundo hebraico e judaico antigo, a fecundidade era uma bênção e uma alegria; a virgindade, uma desgraça. A filha de Jefté, quando sabe que deve morrer, parece entristecida sobretudo ao pensamento de morrer virgem.

"Andou junto com suas companheiras a chorar sua virgindade sobre os montes" (*Jz* 11,38).

A mulher estéril podia ser desprezada, como Sara por parte de Agar (*Gn* 16,4), ou como Ana por parte de Fenena (*1Sm* 1,6). O eunuco, pois, era considerado afeto por impureza gravíssima e não era admitido na assembleia de Javé (*Dt* 23,2).

Nessa atmosfera não existem tomadas de posição em favor do matrimônio, porque ele pertencia aos ritmos da vida, uma prática de vida tão normal que não tinha necessidade de ser recomendada. Ao contrário, essas tomadas de posição aparecem em idade rabínica, em que se chega a estabelecer que aquele que não se casou até os vinte anos transgrediu um mandamento (*bQiddushin* 29b). Entre o tempo bíblico e o rabínico, há no meio, evidentemente, a problemática do judaísmo médio referente ao sexo, que não podia não se chocar contra o matrimônio.

Se é verdade que é junto dos essênios que se encontra o desprezo pelo matrimônio expresso claramente, é também verdade que por esse desprezo os essênios receberam a admiração até por parte de escritores como Filão e Flávio Josefo, em passagens em que transparece,mais que o desprezo pelo matrimônio enquanto tal, um grande desprezo pelas mulheres, sem as quais, entretanto, o matrimônio não existe.

> "Prevendo com clareza que obstáculo teria sido o matrimônio, tanto de per si quanto para a vida comunitária, os essênios baniram-no, obrigando a praticar uma continência

perfeita. Nenhum deles se casa, porque julgam a mulher egoísta, ciumenta, uma armadilha para a vida do esposo com suas seduções" (Filão, *Apologia* [*Hypothetica*], § 14).

Os essênios repelem os prazeres como maus, enquanto têm como uma virtude a temperança e o não ceder às paixões: o matrimônio é desdenhado no meio deles, mas adotam os filhos de outros, enquanto ainda são dóceis aos ensinamentos, consideram-nos como parentes e os modelam segundo seus costumes; todavia, não aboliram o matrimônio..., mas guardam-se da lascívia das mulheres e estão persuadidos que nenhuma guardou fidelidade a um só" (*Bell Iud* 2,120-121; cf. também *Ant Iud* 18,21).

Também Plínio em sua *História natural* (V, 17,4) recorda com admiração essa gente muito estranha que sobrevive "há milhares de séculos", não obstante ter renunciado às mulheres e ao amor.[7]

Deixando de lado a hipérbole da notícia, como nos é dada por Filão, continua certo que os essênios deviam ter muitos problemas diante do matrimônio, e alguns deles deviam tê-lo renunciado. Além das normas de comportamento sexual das quais já falamos, havia também a proibição de esposar a mulher estéril, conquanto o valor científico da prova hoje seria duvidoso. Flávio Josefo, depois de ter dito que existem também essênios que se casam, acrescenta:

[7] Cf. P. Sacchi, *Ancora su Plinio e gli esseni*, in "PdP" 93 (1963), p. 451-455.

"Mas estes examinam suas mulheres por três meses e as esposam só quando elas foram purificadas três vezes (ou seja, depois de terem tido três menstruações), fornecendo com isso a prova de estar em condição de ter filhos" (*Bell Iud* 2,161).

10. A impureza no confronto com a moral pagã

Depois do exílio babilônio, que deu origem à diáspora babilônia, houve um segundo exílio hebraico na terra do Egito e uma segunda diáspora. Com a conquista de Alexandre Magno, os contatos dos hebreus com o ocidente grego tornaram-se, de esporádicos que haviam sido no passado, estreitos e contínuos. Em 312 a.C., Ptolomeu I tirou de Gaza Demétrio Poliorcete e conquistou Jerusalém que se tinha alinhado com ele. Se, em um primeiro momento, grupos de hebreus foram deportados à força para o Egito, em seguida a boa condição econômica e social dos deportados e de seus filhos, acompanhada pelo fato de que entre Jerusalém e o Egito não havia fronteiras, favoreceu a imigração judaica para o Egito e Alexandria em particular. Aqui se formou uma comunidade hebraica numerosa e ativa, que vivia imersa na cultura helenista e que manteve vivos os laços com a mãe pátria. Se para os gregos o encontro com os hebreus teve pouco peso, para estes o confronto com a sociedade helenista foi, para usar as palavras de J, Mélèze – Modrzejewski, "um choque de consequências inumeráveis".[1]

O monoteísmo não constituiu um problema particular, porque já os gregos tinham construído o conceito, mesmo se o julgavam próprio da filosofia e não da religião.[2] Se os hebreus se julgavam não ser compreendidos pelos gregos, não foi sobre esse ponto: para os gregos, os hebreus eram um povo de filósofos que praticavam ritos esquisitos, mas pouco mais que uma curiosidade.[3] O que podia causar admiração nos gregos era apenas que uma verdade científica se pudesse deixar cair em uma religião. O problema existia para os gregos, não para os hebreus, e se num primeiro momento o problema esteve na superfície entre os gregos, algum século depois explodiu com a pregação cristã.

Da parte hebraica, a coisa foi diferente. Os hebreus encontravam-se vivendo a vida cotidiana com gente que não observava nenhuma lei dietética. Isso trouxe para eles o problema do sentido de certas proibições que observavam os hebreus, ou a maioria deles. Por que era proibido comer a carne com o sangue? Que resposta racional se poderia dar à pergunta que os gregos colocavam e que certamente não era irracional? Essa

---

[1] Cf. J. Mélèze – Modrzejewski, *Les Juifs d'Egypte de Ramsés II à Hadrien*, A. Colin, s.l. 1991, p. 50.

[2] Cf. L. Troiani, *Qualche considerazione sopra il politeísmo degli antichi*, in "Rendiconti dell'Istituto Lombardo – Classe di Lettere" 134 (2000), p. 445-452.

[3] Esta primeira impressão que os gregos tiveram dos hebreus está documentada em Teofrasto, citado por Eusébio de Cesareia, *Preparazione evangélica*, 9,2: *philósophoi to génos óntes*, "sendo filósofos por estirpe, sendo uma estirpe de filósofos".

situação criou a necessidade de identificar de algum modo as leis que constituíam problema.

A moral sadocita e do templo era fundamentada sobre a Lei de Moisés; era, portanto, fundamentada sobre o mandamento divino e abraçava também normas que hoje aparecem sobre um plano particular e as indicamos com a expressão "normas de pureza",[4] na esteira de uma expressão do autor da *Carta de Aristeu*. A Lei mosaica não podia não causar dificuldade à racionalidade dos gregos, que custavam a entender-lhe as razões, como nós ainda hoje (*LettAr* § 142). Trata-se em particular de todas aquelas normas que dizem respeito aos alimentos, às purificações necessárias também depois de ter cumprido certos atos lícitos, talvez a circuncisão. Mas, seja como que as definisse Aristeu, e seja como for que as definimos nós, trata-se de uma divisão da Lei por fora desta, porque para os hebreus tratava-se de leis como todas as outras, todas derivadas da vontade de Deus. Historicamente, as normas de pureza parecem ser todas aquelas leis hebraicas que a moral pagã, essencialmente racional em suas estruturas, não aceitava, conquanto pudesse admirar o hebraísmo por sua fé no Deus único e pelo alto valor que atribuía à ética. O problema do autor da *Carta* era explicar, antes de tudo para si mesmo, o sentido das normas de pureza.

[4] A expressão "normas de pureza" que aparece na tradução da Kraus Reggiani (*La lettera di Aristea a Filocrate*, Ist. di filologia classica, Roma, 1979) não corresponde a cada palavra do texto grego. O texto grego dessa passagem é particularmente hostil a ser traduzido palavra por palavra. Assim, a forma italiana deve necessariamente estar modificada em relação ao original. Parece-me que a forma italiana da Reggiani seja a que capta melhor o sentido do grego, e, por isso, mantive sua tradução também diante de outras posteriores.

O autor da *Carta*, para entender as normas de pureza em termos racionais, recorreu a dois conceitos: por um lado, as normas de pureza eram símbolos; por outro, eram uma defesa, digamos assim, preventiva contra os sempre possíveis desvios morais.

> "Para impedir que sofrêssemos qualquer contaminação e fôssemos pervertidos pela companhia de pessoas indignas, o Legislador nos protegeu por todos os lados com normas de pureza referentes aos alimentos, às bebidas, aos contatos, ao ouvido e à vista" (§ 142). "Tudo foi disposto com solenidade para convidar a reflexões puras e para dar um reto endereço moral com fins de justiça" (§ 144).

Note-se como a argumentação proceda para membros casados: no primeiro, há um termo que indica a pureza; no segundo, um que indica a função desta na justiça, que é o escopo último da Lei mosaica e que era bem compreensível até para os gregos.

Porém, a argumentação simbólica prevalece:

> "Por meio dos animais impuros, o Legislador quis significar aos seres dotados de inteligência que eles devem ser justos e nada fazer com violência, nem aproveitar-se da própria força para oprimir os outros. Com efeito, lá onde não é nem mesmo permitido tocar os que voam ditos acima (são as aves de rapina das quais falo no § 146) por causa da

índole própria de cada um, como seria possível não se guardar de todos os modos de deixar que os próprios costumes degenerem naquela direção? Disso se deve concluir que as prescrições referentes ao uso a nós concedido em relação a esses animais, como também ao gado, (Moisés) as tenha fixado recorrendo a um simbolismo" (§§ 148-150).

O autor da *Carta de Aristeu* compreende as normas de pureza só enquadrando-as no tema da justiça humana: o valor original do puro e do impuro, pelo menos em Alexandria, foi perdido, e havia correntes do judaísmo que também na Palestina tinham chegado à Lei de Moisés e a todas as suas prescrições acerca da pureza só recentemente, e dando-lhes um valor mais histórico que real.[5] O problema do sentido das normas de pureza e da essência do impuro não podia tardar a colocar-se também junto da maioria dos hebreus da Palestina.

[5] Alusão aos *Jubileus*. Cf. *acima*, p. 153-154.

XI. As normas de purerza como problema para os próprios hebreus

O autor da *Carta de Aristeu* narra que os hebreus não tinham dificuldade de comer com o rei, mas ele aceitava seus costumes dietéticos (§§ 182-184). Qualquer que seja a explicação que se possa dar das normas de pureza relativas aos alimentos, para o autor da *Carta de Aristeu* estava certo de que elas eram Lei e deviam ser observadas como qualquer outro mandamento. O discurso de Aristeu mirava defender a existência das normas de pureza, ao menos alimentares, diante de objeções que vinham de fora, e esclarecer-lhes o sentido. Em seguida, porém, o problema foi sentido também dentro do judaísmo. Foram os judeus mesmos que se perguntaram que sentido tinham essa normas. O problema torna-se particularmente agudo no século I d.C. e, com soluções diversas, nós os encontramos mais vezes.

Adianto que as soluções foram buscadas em duas direções opostas: de um lado, houve a tendência de fazer coincidir de maneira absoluta a pureza com o bem, sobre a esteira do qumranismo, no qual impureza e pecado, como já vimos, coincidiam; de outro, houve a tendência de excluir qualquer valor real à pureza, para seguir as normas só enquanto vontade de Deus. Jesus teve nesse campo uma posição particular, quando reafirmou a realidade e a negatividade do impuro, como os qumrânicos, mas indicou seus conteúdos de maneira diversa.

Filão move-se na linha de Aristeu, aprofunda-a e a esclarece, servindo-se até de conceitos emprestados ao pensamento grego. Lê-se no *De Specialibus legibus*:

> "Propriamente impuro é o injusto e o saciado (portanto, coincidência de impureza e mal moral), aquele que não tem qualquer cuidado nem pelas coisas humanas nem pelas divinas, aquele que mancha e mistura tudo com a falta de medida das paixões e com os excessos dos vícios... Ao reverso, as ações dos bons são louvadas enquanto melhoradas pela virtude de quem as cumpre, porque, de fato, o que é feito é semelhante a quem o faz" (*Spec leg* III § 209).

Nessa passagem, Filão tende claramente a assumir os conceitos de puro e de impuro na moral. Mas apenas acabara de dizer, antes do trecho agora citado, que a impureza provinda do cadáver tinha sido estabelecida pelo Legislador, porque "se deu o máximo cuidado de que ninguém pudesse ser *paraitios*, isto é, por assim dizer, causa da morte de outro"; e isso, mesmo quando a morte era natural. A impureza do cadáver, com todas as consequências e cautelas do tratamento, é vista como momento de reflexão sobre o respeito devido à vida: quem está vivo sente-se de algum modo culpado, torna-se impuro e aprende a respeitar a vida (*Spec leg* III, § 205). Por esse caminho, as normas de pureza são instrumentos da pedagogia divina, como já na *Carta de Aristeu*.

Este é o motivo, diz Filão, pelo qual são necessárias as purificações inclusive para aqueles que simplesmente entraram na casa em que há um morto. Filão se dá conta de que existe ainda uma dificuldade a superar neste seu modo de explicar racionalmente as coisas: ele sabe bem que "até os objetos da casa onde há um morto tornam-se impuros", mas estes dificilmente podem ser indicados ou concebidos como *paraitioi*. A esse ponto refere o conceito de impureza no âmago da mais autêntica tradição hebraica, mas servindo-se de um conceito que podia bem ser compreendido pelos gregos da época: a impureza é uma *res*, produzida pelo distanciar-se da alma, que é imagem divina, do corpo. A falta do divino produz impureza. Filão aceita um pouco todas as explicações possíveis: o que está em seu coração é salvar o conceito de impureza na vasta acepção que tinha nessa época, sem nada eliminar da legislação mosaica.

Figura característica para o tema do "puro/impuro" é a de João Batista, que encontramos nos começos da pregação cristã, e que teve alguma relação com Jesus, embora, neste caso, a posição de Jesus é muito diversa da do Batista. A finalidade principal da pregação de João Batista, ficando com o que se pode tirar dos Evangelhos e de Flávio Josefo,[1] é a de impulsionar Israel para a conversão global. O pecado espalha-se: é preciso encontrar um caminho para a "remissão dos pecados".[2] É preciso não pecar mais e, ao mesmo tempo, feita penitência,

[1] Cf. *Ant Iud* 18,116-119.

[2] *Mc* 1,4.

purificar-se com um batismo.[3] É claro que para João o pecado produzia uma impureza, que devia ser tirada: o arrependimento não bastava para tirar aquela mancha, ou qualquer coisa do gênero, que o pecado havia provocado. E aquela mancha, se continuasse, teria sido equivalente ao pecado. Estamos num esquema teológico, que é semelhante ao documentado em Qumran, e devia ser difundido entre os hebreus da época.

Exatamente porque o pecado era ou gerava uma impureza, a pureza foi vista por João Batista como via mestra para a perfeição, e foi o caminho no qual se colocou. Evitava os lugares habitados, evitava alimentar-se com comidas preparadas e, portanto, tocadas por outros que teriam podido estar em estado de impureza. Sua alimentação, segundo o testemunho dos Evangelhos (*Mc* 1,6 e passagens paralelas), constituía-se de mel silvestre e gafanhotos. Um e outros podiam ser recolhidos por ele mesmo ou por discípulos e, de qualquer forma, não tinham necessidade de qualquer preparo particular para serem consumidos. A essa interpretação de João Batista pode causar dificuldade a vestimenta, que era de peles de camelo, animal impuro (cf. *Lv* 11,4),[4] mas a impureza impedia

---

[3] Flávio Josefo tem muito claro que não era o batismo que remia os pecados, mas se referia apenas à purificação do corpo: "João convida os judeus a praticar a virtude... e, portanto, a se aproximarem do batismo: o batismo teria sido aceito por Deus não para obter o perdão dos pecados, mas sim para a purificação do corpo, ao passo que a alma já tinha sido purificada pelo exercício da justiça" (*Ant Iud* 18,117) (Tradução de M. Simonetti, *Flavio Giuseppe – Storia dei giudei da Alessandro Magno a Nerone* [Classici del Spirito], Mondadori, Milano, 2002.

[4] Cf. E. Lupieri, *Giovanni Battista fra storia e leggenda* (Biblioteca di cultura religiosa 53), Paideia, Brescia, 1988, p. 171.

só de comer de sua carne. Uma solução é oferecida então por G. Ibba, que explica as vantagens do uso de pelo de camelo em comparação com a lã, no que diz respeito à pureza.[5]

[5] G. Ibba, *John the Baptist and the Purity of Leviticus 11,16*, in "Hen" 2 (2006), p. 79-89.

XII. O cristianismo, o sagrado e o profano

A posição de Jesus em relação aos problemas da sacralidade e da impureza foi clara e coerente, pelo menos nos princípios. Naturalmente Jesus, como bom hebreu, não conceitualizou seu pensamento a respeito. Mas, olhando seus ditos e seus gestos, pode-se estirpar uma doutrina do sagrado, límpida nos princípios, mesmo se menos clara na atuação prática.

É fundamental, para entender a concepção de Jesus do sagrado, seu mandamento em relação ao juramento. Lê-se em *Mt* 5,34-37:

> "Ouvistes o que foi dito aos antigos: 'Não jurar falso, mas cumpre com o Senhor teus juramentos'. Mas eu vos digo: Não jureis de maneira nenhuma; nem pelo céu, porque é o trono de Deus; nem pela terra, porque é o estrado de seus pés; nem por Jerusalém, porque é a cidade do Grande Rei; nem por tua cabeça, porque não podes tornar

> branco ou preto um só fio de cabelo. Que vossa linguagem seja sim, sim e não, não. O que se acrescenta a isto vem do Maligno".[1]

Para Jesus, o problema não se referia à possibilidade de o juramento ser ou se resolver em um perjúrio, como vimos em certo essenismo,[2] mas era o fato mesmo que lhe pareceu monstruoso, porque envolvia Deus e o envolvia sobre qualquer coisa que se jurasse.

A doutrina de Jesus leva a consequências extremas a ideia de que o mundo, enquanto pertence a Deus, é sagrado. Por isso não é possível encontrar na criatura qualquer coisa que não seja sagrada: tudo pertence a Deus e, consequentemente, por qualquer coisa que alguém jure, não pode senão jurar sobre Deus. Não existem nem mesmo coisas mais ou menos sagradas, como é dado encontrar em certa teologia farisaica. Veja-se este texto de Mateus:

> "Ai de vós, guias de cegos, que dizeis: 'Se alguém jura pelo templo, não vale; mas se jura pelo ouro do templo, fica obrigado'. Tolos e cegos! Que é mais importante: o ouro ou o templo, que santifica o ouro?" (*Mt* 23,16-17).

---

[1] Esta passagem não tem paralelos nem nos sinóticos nem em João, mas é confirmada em *Tg* 5,12.

[2] Cf. *acima*, p. 164-165.

E ainda:

> "Vós dizeis também: 'Se alguém jura pelo altar, não vale, mas se jura pela oferta que está no altar, fica obrigado'. Cegos! Que é mais importante: a oferta ou o altar que santifica a oferta?" (*Mt* 23,18-19).

Como se vê por esse texto, os judeus admitiam a liceidade do juramento também fora do tribunal, mas não queriam que fosse feito nem sobre Deus diretamente nem sobre coisas a ele muito próximas e, portanto, muito, por assim dizer, sagradas. Podia-se, em vez, jurar sobre coisas que fossem suficientemente sagradas para vincular, mas não muito, para não profanar o Nome. Quem jurava sobre Deus, profanava o Nome e o juramento era nulo.

Com Jesus, desaparece até o juramento sobre si mesmo, que ao contrário era a fórmula em uso para os compromissos mais graves da comunidade essenia do *Documento de Damasco*. No ensinamento de Jesus, o profano parece desaparecer completamente. Entre Deus e o homem já não há qualquer limite preciso, coisa que sublinha fortemente a pertença a Deus também do homem. O *fiat voluntas tua* é indício de uma relação entre Deus e o homem mais oposta que diversa com respeito àquela de quem narrou como Abraão discutiu com Deus sobre o que é justo e o que não o é. O problema do livre-arbítrio na pregação de Jesus pode encontrar um paralelo no mais antigo livro dos *Jubileus*, lá onde Abraão se pergunta o que Deus quer dele. A liberdade de Abraão não se exercita no âmbito da moral, mas na aceitação ou recusa da proposta divina, que pode chegar até a aceitar matar o filho.[3]

Se com Jesus temos uma profunda evolução do conceito de sagrado, também o conceito de impuro não podia não sofrer uma profunda evolução. Já no início de sua vida pública, o comportamento de Jesus diante da vida demonstra-se diverso do de João em particular, mas também do de outros hebreus. Quando Jesus se distanciou de João, não teve medo de imiscuir-se com o povo que podia constituir para ele um estado de impureza, nem de comer alimentos tocados por outros. Enveredou por uma estrada muito diferente e nada encontrou de mau no fato de os discípulos não respeitarem as normas referentes à refeição, pouco importa se estabelecidas só pela tradição e não pela Lei. Segundo Marcos (cap. 7 e passagens paralelas), Jesus aboliu as normas de pureza relativas aos alimentos. Jesus aproveitou a ocasião de um problema particular, o que se refere aos alimentos, para chegar a conclusões que vão além da esfera alimentar, mesmo se não está claro quanto.

"Não há nada fora do homem que, entrando pela boca, possa manchá-lo; mas o que mancha o homem é o que sai de sua boca" (*Mc* 7,15). A pergunta posta pelos fariseus dizia respeito somente ao problema se era lícito ou não comer sem certa ablução prescrita pela tradição. A resposta de Jesus vai já além da pergunta com as primeiras palavras, porque "o que

[3] A passagem relativa ao sacrifício de Isaac está presente, com poucas modificações, também no livro dos *Jubileus* (cap. 18).

entra pela boca" abrange mais que a necessidade ou não de abluções: "Não é o que entra pela boca que torna impuro o homem". A resposta, com efeito, refere-se não só ao modo de comer, mas aos próprios alimentos. Mas a segunda parte da resposta ("o que sai") abarca consequências mais vastas ainda, e enuncia, de qualquer modo, um princípio geral. A única coisa que pode contaminar o homem (e aqui "contaminar" deve ter o significado que os hebreus de então lhe davam, significado de despotencialização espiritual mais que física, de impedimento de aproximar-se de Deus) é a transgressão da Lei, obviamente tal qual era ensinada por Jesus. A interpretação do evangelista "Com isso Jesus pretendia declarar puros todos os alimentos" (*Mc* 7,19b) é redutiva e mostra certo embaraço da primeira tradição cristã diante do ensinamento de Jesus.

Em outros termos, com Jesus temos a conservação do conceito de impureza como valor extremamente negativo sobre a esteira do essenismo, em geral, e do qumrânico, em particular, mas os conteúdos da impureza são proclamados diversos daqueles julgados como tais pela tradição, tanto farisaica, quanto essenia, os quais, mesmo que com interpretações diferentes, sempre se refaziam pela Lei de Moisés. É preciso, porém, considerar que, na tradição da Lei mosaica, a transgressão de uma das normas de pureza era já um pecado; se Jesus disse "só o que sai da boca do homem pode contaminar o homem", quer dizer que assumia como conteúdo da Lei somente o que nós hoje chamamos ético, mas esse era um conceito que os hebreus da época não conheciam, ou, de qualquer forma, não tinham formalizado. Dizer que nada é impuro na natureza pode ser um princípio válido e bem compreensível (cf. *LettAr* § 143;[4] *Rm* 14,14), mas, se quem escutava descia do princípio geral aos conteúdos efetivos devia encontrar-se diante de dificuldades insuperáveis, porque, para o hebreu de então, tudo era lei do mesmo modo. Do discurso de Jesus, resultam claramente abolidas as normas de pureza referentes aos alimentos, como advertiu o evangelista Marcos, mas resultam também potencialmente eliminadas outras leis análogas, cuja individualização nos falta. As normas de pureza diziam respeito inclusive ao culto, à esfera sexual, aos contatos com os pagãos.

Na prática, continua aberto o problema dos conteúdos efetivos do princípio expresso por Jesus. No plano teórico, a revolução era enorme, paralela à revolução referente ao sagrado. Descontando-se que a Lei tradicional é válida, afora os casos abolidos por ele enquanto resumíveis sob o termo bem mais vago de normas de pureza, quais normas deviam de fato considerar-se ab-rogadas? Para dar um exemplo: a moral comum da época condenava certamente a prostituição e outras coisas, não claras, referentes ao sexo; mas, uma vez abolidas as normas de pureza, sobre que base podia ser defendida a proibição da prostituição, que a Lei antiga não proibia diretamente, enquanto o valor da proibição era sentido claramente como absoluto? Quando Jesus quer dar o exemplo de gente que vive no pecado, usa certamente

[4] "Em geral, todas as coisas, segundo o princípio de natureza, são iguais, enquanto governadas por um único poder, mas à abstenção de algumas coisas e ao uso de outras liga-se um significado profundo e específico para cada uma."

fórmulas cujos valores eram partilhados. E pecadores são publicanos e prostitutas.

Outro exemplo: que se podia tirar do princípio geral de Jesus acerca da ética matrimonial[5] ou acerca do problema dos relacionamentos com os pagãos? As vicissitudes que levaram à reunião dos apóstolos e dos anciãos, narrada no cap. 15 dos *Atos* mostram *ad abundantiam* a incerteza dos primeiros cristãos. O problema inicial dizia respeito à circuncisão, se era necessária ou não; mas é claramente colocado um problema mais vasto, se devia ou não ser observada toda a lei de Moisés (v.5). A resposta negativa devia ser óbvia para os apóstolos e para os anciãos, mas continuava um problema: o que deveria entender-se por abolido? Chegou-se à conclusão, com a proposta de Tiago, de impor somente a abstenção "das carnes imoladas aos ídolos, com o sangue, dos animais sufocados, e da *porneia*" (*At* 15,29). Se a primeira proibição é anti-idolátrica, as duas segundas referem-se à impureza do sangue e da carne não macerada com o escoamento do sangue; a quarta, depois, refere-se ao sexo de maneira pouco clara, porque não sabemos quantas coisas poderiam ser entendidas com o termo *porneía* da moral comum do tempo.

Considerem-se ainda o episódio de Pedro, incerto quanto a entrar na casa do centurião Cornélio (*At* 10), e o comportamento do mesmo Pedro em Antioquia (*Gl* 2,12). Pedro compreende que pode entrar na casa do pagão, porque em sonho lhe foi oferecido, obviamente por ordem divina, comer alimentos impuros:

[5] Cf. Rosso Ubigli L., *Il Documento di Damasco e l'etica coniugale: a proposito di um nuovo passo qumranico*, in "Hen" 14 (1992), p. 3-10.

o paralelo entre a liceidade dos alimentos impuros e a liceidade dos contatos com os pagãos, ou seja, a pureza de uns e de outros, é evidente. O ponto de referência para a impureza alimentar mostra, porém, que ela devia ser considerada de algum modo superada ou, como quer que seja, superável. E isso devia depender de um ensinamento de Jesus, recebido, mas não aplicado. "Podes comer" não comporta nenhuma obrigação e certamente foi evitado comer alimentos considerados impuros. Com efeito, o discurso de Jesus sobre a pureza dos alimentos tinha sido ocasionado não pelos alimentos em si, mas só por normas de pureza relativas ao modo de tomar alimentos de per si puros. Evitar alimentos impuros devia ser ato comum, de costume. Mas, até onde pretendia Jesus ab-rogar as normas de pureza? Ou melhor, em termos modernos, onde colocava o limite entre normas éticas e normas de pureza?

Com Paulo, o problema da relação entre pureza e ética se torna agudo. Já foi revelado[6] que Paulo encontrou dificuldade para pregar a moral evangélica sem apoiar-se sobre um código. Ficando na Primeira Carta aos Coríntios, parece que ele colocava no centro da vida cristã o amor (cap. 13). Mas o amor é um

---

[6] Cf. os livros de R. P. Booth, *Jesus and the Laws of Purity; Tradition History and Legal History in Mark 7* (JSNT Suppl Ser 13), The University of Sheffield, Sheffield, 1986, e de M. Newton, *The Concept of Purity at Qumran and in the Letters of Paul* (Society for NTS, Monographs Series 53), Cambridge University Press, Cambridge, 1985, não só, mas também o artigo de F. García Martínez, *Les limites de la Communauté: pureté et impureté à Qumrân et dans le Nouveau Testament*, in Baarda T. et alii (ed.), *Text and Testimony* (Studies in Hon. A. F. J. Klijn), Uitgeversmaatschappij J. H. Kok, Kampen, 1988, 111-112.

carisma, ou, precisamente, acima dos carismas, mas não é uma norma; e, se pode ser tomado como fundamento de normas de comportamento, fica claro um hiato subjetivo entre o princípio e as infinitas possibilidades da vida cotidiana. Como hebreu de formação farisaica, Paulo se tinha formado moralmente sobre o estudo da Lei, e dela derivavam suas certezas sobre o que é bem e sobre o que é mal. Por outro lado, a Lei, segundo Paulo, não salvava. Entretanto, ela mantinha seu valor não só histórico, de pedagoga (*Gl* 3,24-25) que nos tem levado a Cristo, mas também de paradigma moral.

Mas aqui temos outra dificuldade: Paulo sabia bem que existiam inovações na Lei trazidas por Jesus, pelas quais a menção genérica da Lei perdia o significado, porque a Lei de Jesus era diversa da lei de quem a escutava se não era cristão. A Lei era um conceito que Paulo usava por seus valores, não por seus conteúdos concretos. E nem os valores eram todos positivos em Paulo!

Não há que se admirar se alguém interpretou a pregação de Paulo como se ele não se ocupasse do pecado. A consciência desse fato (veja *Rm* 3,8)[7] levou Paulo a radicar a nova moral em princípios mais claros e mais sólidos de quanto tivesse feito em um primeiro momento. Mas talvez não se desse bem conta, nem mesmo ele, de que sua concepção de pecado já não era aquela de sua formação farisaica. Paulo escreve:

---

[7] Cf. R. Penna, *I diffmatori di Paolo in Rm 3,8,* in "RSB" 1 (1989), p. 43-53. Veja hoje: *Lettera ai Romani, I Rm 1-5*, EDB, Bolonha, 2004, de passagem.

"Com efeito, sabemos que a Lei é espiritual; mas eu sou carnal, vendido ao poder do pecado. Realmente, não entendo o que faço: pois não faço o que quero, mas faço o que detesto. Ora, se faço o que não quero, estou de acordo com a lei e reconheço que ela é boa; nesse caso, já não sou eu que estou agindo, e sim o pecado que habita em mim" (*Rm* 7,14-17).

A qual Lei se refere Paulo? À histórica? Não, porque a considera superada. A nova, porém, não estava escrita e, talvez, nem mesmo pensada. Todavia, ele sentia a necessidade de ter um paradigma ideal como ponto de referência. Não só. Como eu já disse, o mesmo conceito de "pecado" que tem Paulo não corresponde ao conceito daqueles que viam a salvação no "cumprir a Lei". Nesse contexto paulino, "pecado" não significa absolutamente transgressão: o pecado é uma realidade que habita no homem, não é o conceito abstrato de transgressão. É, portanto, uma realidade extremamente ligada à impureza, segundo um esquema mental semelhante ao qumrânico. Escreve em *Rm* 1,24: "Por isso, Deus os entregou, segundo os desejos de seus corações, à impureza (*akatharsía*) com que eles mesmos desonram seus corpos". Também é uma coisa real à qual se pode ser entregue ou condenado, como uma vez a serpente antiga na narração do Javista. E a presença da impureza no homem revela-se em cada ação torpe sua, especialmente se referente à esfera sexual.

No já mencionado cap. 6 da Primeira Carta aos Coríntios, Paulo faz ecoar a ideologia do livro dos *Jubileus*, em que se diz: "Nenhum pecado é maior que a fornicação". Paulo escreve:

> "O corpo não é para a *porneía*, mas para o Senhor... Fugi da *porneía*. Qualquer pecado que o homem comete é exterior a seu corpo; mas quem pratica a *porneía* peca contra seu próprio corpo. Ou não sabeis que vosso corpo é templo do Espírito Santo que está em vós, e que recebestes de Deus...?" (*1Cor* 6,13 e 18-19).

Pela análise, por rápida que seja, desses textos parece emergir que para Paulo o fundamento da vida moral consiste no manter-se puro, isto é, no guardar-se a si mesmo como novo templo com as mesmas normas que salvaguardavam a pureza do templo.[8] Mas o problema é só adiado, porque o velho templo podia ser contaminado pela presença do pagão, mas o novo não. O velho hebreu podia ser contaminado pelos alimentos, mas o novo não. No caso do matrimônio entre um cristão e um pagão, não era o pagão que contaminava o cristão, mas (e aqui Paulo raciocina de maneira extremamente hebraica) era o cristão que purificava o pagão (*1Cor* 7,14). Portanto o problema da pureza continuava em Paulo, não obstante *Rm* 14,14,[9] mas não sabemos com precisão quantas normas da Torá e da Lei oral ele estivesse disposto a considerar ab-rogadas, porque referentes a uma forma de impureza que não era para ser con-

[8] Cf. M. Newton, *The Concept of Purity at Qumran and in the Letters of Paul* (Society for NTS, Monographs Series 53), Cambridge University Press, Cambridge, 1985, p. 53: "The point is that the language of the Temple, sacrifice and purity pervades Paul's Letters and frequently influences the way he thinks about himself, his converts and his behaviour".

[9] Do contexto aparece claro que aqui Paulo está falando só dos alimentos.

siderada como tal. Nós inventamos o termo "impureza legal ou cultural", mas é termo nosso, para tentar explicar a razão pela qual os antigos hebreus se colocaram o problema do valor de certas leis que eles percebiam diversas das outras. Mas não sabemos com quais conteúdos precisos encher o conceito de "impureza legal". Fica ainda o problema da exata extensão do conceito de *porneía*.

Quase seguindo o esquema do pensamento de João Batista e dos qumrânicos, para Paulo a via mestra para a perfeição não é (ou não é só) a observância dos preceitos e dos mandamentos, mas a purificação interior. Ser de alguma forma, isto é, ser mais ou menos bom, quer dizer ter sido capaz de manter a pureza, de maneira melhor ou pior, daquele templo que cada um de nós é. A ética encontra seu sentido não só no fazer, mas também no ser. O ser é filho do fazer, e o fazer de cada um é voltado explicitamente à purificação do próprio ser.

Parece-me que a necessidade de Paulo de criar um modelo de bem e de mal sem usar qualquer lei seja aquilo que transparece de passagens como a de *1Cor* 6,12ss.: "Tudo me é permitido, mas nem tudo é proveitoso". A finalidade é construir o autêntico discípulo de Cristo, o homem apto ao eterno. Nessa perspectiva, bem e mal não são indicados, nem indicáveis, como parâmetros abstratos de lei, de nenhuma lei: bom é só tudo aquilo que aproveita. Paulo dá-se conta da audácia de sua expressão e apressa-se a indicar parâmetros mais concretos, mas mais limitados, mais adaptados a quem escuta, que, por essa declaração de Paulo, só poderia ficar desconcertado e escandalizado.

> "Os alimentos são para o ventre, e o ventre para os alimentos. E Deus destruirá tanto estes como aquele. Mas o corpo não é para a *porneía*, mas para o Senhor. E o Senhor é para o corpo. Não sabeis que vossos corpos são membros de Cristo? Eu iria tomar os membros de Cristo para deles fazer membros de uma prostituta? Ou não sabeis que quem se une à prostituta torna-se com ela um só corpo? Mas aquele que se une ao Senhor forma com ele um só espírito."

Na mesma carta, Paulo, à procura de uma admoestação que indique o melhor caminho de maneira sempre mais clara, mas que não pode ser senão alusivo em sua moral sem esquemas legais, fala do amor como da fonte perfeita para a vida. O amor de Paulo é um modo de ser, não é uma metáfora para classificar ações humanas:

> "Se eu tenho o dom da fé a ponto de transportar montanhas, mas não tenho amor, nada sou. Se eu distribuo todos os meus bens e se entrego meu corpo para ser queimado, mas não tenho amor, de nada me serve" (*1Cor* 13,2-3).

Só o que edifica e estrutura o humano no divino por meio do Cristo, só isso *aproveita*, só disso derivam as ações moralmente perfeitas.

No que se refere ao matrimônio, Paulo aconselha os casais na Primeira Carta aos Coríntios a não abandonar as relações sexuais (7,2-5), a não ser de comum acordo e para concentrar-se na oração: não parece impor outros limites, embora o matrimônio seja visto aqui como *remedium concupiscentiae*: "para que Satanás não vos tente".

Entretanto, Justino escrevia por volta do ano 165: "Nós cristãos, se nos casamos, é só para criar filhos"; isso poderia também ser interpretado somente como uma afirmação de caráter geral, se não tivéssemos as palavras muito mais claras de Atenágoras, em 177: ele explicava a Marco Aurélio que os cristãos se casavam apenas para ter filhos e esclarecia que, em consequência, evitavam o ato sexual durante a gravidez da mulher.[10] É evidente que nesse caso teríamos tido a *porneía* no matrimônio, possibilidade admitida por Tobias e que era documentada inclusive em um fragmento qumrânico (4Q270 fr. 7,11. 12-13).[11] A lógica de Atenágoras é a mesma de Filão, que aconselhava, embora sem considerá-lo necessário, o repúdio da mulher estéril, para não espalhar em vão o sêmen. Com relação ao matrimônio com mulher sabidamente estéril (viúva ou divorciada sem ter filhos, de idade muito avançada?), era firme a condenação de Filão (*Spec legibus* III,34-36). Algo dessa maneira de ver as coisas chegou até nós, através dos séculos: a história da moral sexual na Igreja é disso uma ótima prova,[12] que advém do fato de não sabermos quais fossem os conteúdos efetivos do conceito de *porneía* no ensinamento de Jesus: Paulo e Atenágoras me parecem ter ideias muito diversas sobre esse mesmo assunto.

---

[10] Para Justino e Atenágoras, cf. Flandrin J. L., *L'Eglise et le contrôle des naissances*, Flammarion, Paris, 1970, p. 28.

[11] Cf. L. Rosso Ubigli, *Il Documento di Damasco e l'etica coniugale: a proposito di um nuovo passo qumranico*, in "Hen" 14 (1992), p. 3-10.

[12] Cf. J. L. Flandrin, *Le sexe et l'occident*, Seuil, Paris, 1981; Id., *Un temps pour embrasser: Aux origines de la morale sexuelle occidentale (VI-XI siècle)*, Seuil, Paris, 1983.

XIII. Outras respostas ao problema do impuro no judaísmo do século I

Hanina ben Dosa, talvez pouco mais jovem que Jesus, passou para a história sobretudo por um gesto seu: atravessou seu vilarejo tendo na mão a carcaça de uma serpente. Queria demonstrar ao menos que a impureza não era nociva. A ele é atribuído também este episódio: uma serpente picou-o, mas nada aconteceu a Hanina, que explicou: "não é a serpente que mata, mas o pecado". Mas, ter em mãos uma serpente não era já transgredir a Lei? Parece, portanto, que era de posturas análogas às de Jesus. Entretanto, de Hanina ben Dosa muito pouco sabemos.[1]

Muito clara e perfeitamente coerente com os fundamentos do pensamento farisaico foi a solução de Yohanan ben Zakkai, o homem que suportou o destino dos hebreus palestinos depois da catástrofe do ano 70. Ele constituiu uma

[1] Para o primeiro episódio, cf. *Baba Qamma* 7,7, e, para o segundo, *bTaanit* 25a e *bBerakot* 33a. Sobre Hanina ben Dosa, veja G. Vermes, *Gesù l'ebreo*, Borla, Roma, 1983, p. 84-91 e 94. Id., *Hanina ben Dosa*, in "JJS" 23 (1970), p. 28-50 e 24 (1973), p. 51-64.

academia em Yamnia e ali se aplicou em reorganizar o judaísmo, que sob sua guia se foi identificando sempre mais com o farisaísmo, e a recolher as memórias do passado. "Nem o cadáver contamina, nem a cinza da vaca ruiva purifica; é Deus que ordenou fazer isso."[2]

---

[2] Cf. *Tanhumah Huqal* § 8. Mesmo se o texto é posterior, todavia a notícia referente a ben Zakkai insere-se tão bem no quadro dos problemas do século I, que pode ser tida como segura. Cf. também *Pesiqta de-Rav Kahana* 4, § 7.

XIV. Considerações finais

Percorrendo novamente a história do conceito de impuro e de sagrado, tal qual tiveram os hebreus desde as épocas mais antigas alcançáveis com o conhecimento histórico até a época das origens cristãs, alguns elementos do processo aparecem com evidência, ousaria dizer, objetiva, enquanto outros demonstram ser o ponto visível de processos profundamente mal analisáveis com nossos conceitos.

O primeiro elemento absolutamente seguro é a natureza semelhante do sagrado e do impuro na cultura hebraica mais antiga. Um e outro são perigosos para o ser humano; um e outro revelam ao homem a existência de um mundo desconhecido, incontrolado e incontrolável pelo homem, enquanto não perceptível pelos cinco sentidos à disposição da razão humana: é aquele mundo de percepções e de sensações, onde se aninham o segredo do cosmo e a fonte da vida.

Os termos "sagrado" e "impuro" indicam dois conceitos afins, que derivam ambos da percepção obscura de uma realidade diversa daquela que se colhe com os olhos e com os outros sentidos do corpo. Percepção obscura – a terminologia é freudiana[1] – significa que aquilo que é percebido existe realmente, mas do qual o homem não pode fazer uma ideia clara. Freud usa essa expressão[2] em referência à mística, mas o procedimento psicológico que posso imaginar nas origens da percepção do sagrado, antes de sua análise e estruturação racional, deve ser qualquer coisa de semelhante.

A obscuridade da percepção dessa realidade que nos circunda, imaginada poderosa e incontrolável precisamente por sua imprecisão, trouxe para o homem aquele sentimento do sagrado que Rudolph Otto definiu como o *tremendum*. Àquele sentido do sagrado é preciso, porém, no caso da cultura hebraica, coligar também o do impuro, porque do impuro o hebreu antigo tinha medo como do sagrado: uma diferença quantitativa mais que qualitativa. O exemplo de Labão, que não se aproxima de Raquel para não contrair uma impureza (*Gn* 31-35), pode ser lido em paralelo com a exclamação do pai de Sansão diante da convicção de estar em presença de um ser divino (*Jz* 13,22), ou exatamente com o "estou perdido", a exclamação de Isaías, que se descobre na presença de Deus (*Is* 6,5). De qualquer maneira, esta afinidade do conceito de impuro e o de sagrado é essencialmente descoberta nossa, porque para os hebreus antigos tratavam-se de dois conceitos distintos, como se deduz intuitivamente do fato de as duas percepções levarem a dois objetos indicados por duas palavras diferentes: *tame'* e *qadosh*. A conexão entre os dois con-

---

[1] Cf. S. Freud, *Opera Omnia*, Boringhieri, Turim, 1979, e reimpressões, vol. XI, p. 149-152.

[2] Na realidade, fala de *dunkle Selbstwahrnehmung*, "autopercepção obscura".

ceitos diz respeito a nosso pensamento moderno e não ao dos antigos hebreus.

Refere-se, ao contrário, inclusive aos antigos hebreus, o fato de que em alguns textos antigos, ou, de qualquer forma, que se referem à época antiga, o impuro apareça estreitamente ligado ao pecado. Isto inclusive em uma passagem de Isaías, provavelmente do Primeiro Isaías, rico de pensamento teológico (veja primeira parte, cap. 8).

As reações diante do sagrado e do impuro podem ser consideradas dois aspectos da religiosidade hebraica, ao menos na fase anterior à sistematização racional da matéria no pensamento da teologia do Templo, tal qual é conservada na fonte Sacerdotal, para o impuro (sobretudo no Levítico), e, em Ezequiel, para o sagrado (*Ez* 44). A operação referente ao impuro foi essencialmente uma classificação do real, na qual distinguiam-se e se identificavam os lugares onde se escondia o impuro e como se deveria comportar-se em referência a ele. O fato de que também no Deuteronômio estejam presentes passagens referentes à impureza é indício de uma operação bastante antiga, anterior ao exílio. A exigência de estabelecer o elenco das impurezas sem qualquer conexão com o problema do sagrado mostra, também ela, como os dois conceitos indicavam duas realidades diversas.

Ezequiel teve vivo o sentido da sacralidade que invadia o cosmo e o Templo e, tratando dela, encontrou-se inevitavelmente no dever de estabelecer o limite entre o que era sagrado e o que era profano. Construiu uma filosofia completa, na qual o sagrado e o impuro encontraram sua colocação recíproca e racionalmente bem indicada. O pagão não pode ficar no templo, porque em seu ser há qualquer coisa que contamina o santuário: o sagrado sai do interior para o exterior, do templo para os confins da terra: o sacerdote que oficiou, próximo do limite do espaço que separa o espaço sagrado do profano, deve tirar as vestes com as quais oficiou, para não contaminar o povo, e o verbo para "contaminar" é o *piel* do verbo *qdsh*: estando acometido pela etimologia da palavra, dever-se-ia traduzir "para não consagrar", evidentemente no sentido de "para não levar o povo ao contato com o sagrado".

No sistema de Ezequiel, o sagrado está estreitamente ligado a valores religiosos. Esse fenômeno é ainda mais perceptível no código de Santidade (*Lv* 17,26), sempre de ambiente Sacerdotal. Israel deve ser sagrado com seu comportamento, porque pertence a Javé: "Sede santos, porque eu sou santo" (*Lv* 19,2). O sagrado já não é um *quid* existente somente na natureza, é um estado no qual o hebreu é chamado a inserir-se e nele permanecer. Esse estado do hebreu é real e distingue necessariamente o hebreu dos pagãos. Esse estado é atingível pelo hebreu só por meio da observância dos mandamentos divinos, que compreendem normas que nós hoje chamaríamos morais, junto a outras que para nós são normas de pureza.

No primeiro pós-exílio, no período que pode ser chamado de Judaísmo antigo, o livro de Jó mostra um autor que viveu o sentido do impuro de maneira nova. O livro de Jó não tem um desenvolvimento filosófico ou teológico. Jó exprime sensações e sentimentos que envolvem ideias, ideias que se tornam carne e sangue. Algumas linhas lúcidas e racionais de fundo, como a falta de retribuição na ação divina na história, mesclam-se a sentimentos fortes, que controlam o conjunto da reflexão, como o sentido do limite humano que deriva do sentido de limite da criaturalidade.

Jó não chega a "sentir" o homem como sede do profano (*Jó* 14,4): é muito débil. O homem pode protestar diante de Deus, mas não pode esperar convencê-lo: Deus não se deixa convencer, porque é forte. Assim Jó sentiu a categoria do impuro, cuja natureza era originariamente estranha ao homem, como característica de sua natureza.

Dados seu temperamento e a natureza de seu livro, o autor de Jó não construiu nenhuma teoria precisa sobre essa sua sensação. A obra permanece, de qualquer forma, o documento de um estado de ânimo que existia em Israel no início do desenvolvimento da literatura sapiencial, um estado de ânimo ausente na formulação Sacerdotal da categoria.

O contato com o mundo grego colocou para os hebreus novos problemas: o autor da *Carta de Aristeu* esclareceu, pela primeira vez dentro da Lei, aqueles mandamentos que causavam dificuldade aos gregos, os quais indicou como "normas de pureza" (*LettAr* § 142). Criou assim, senão a expressão (cf. *supra*, p. 165), ao menos o conceito, e este, de fato, teve êxito.

Aquela ideia, que em Jó se apresentava impregnada de sentimento, tornou-se conceito claro em Qumran: o homem era impuro por sua natureza, impuro de uma impureza que podia ser tirada só com a adesão à seita. A impureza foi interpretada em Qumran como conatural ao homem e, concomitantemente, como uma forma do mal: impureza e pecado tornam-se, senão sinônimos, estreitamente ligados. O mal como *'awon* existe no homem desde a concepção e o empurra para a rebelião contra

Deus até a velhice (1QH 12 [4] 29-30). Agora a estrutura original da categoria desapareceu. O impuro, de afim que era, tornou-se o oposto do sagrado, e o homem que se purifica torna-se sagrado; em Qumran, a palavra agora tem um sentido diferente do original, e em português pode-se tranquilamente exprimir com "santo".

Se os textos qumrânicos continuam falando da sacralidade divina, alguns mostram que o pensamento qumrânico sentia uma nova insuficiência no uso da palavra "sagrado" devido ao fato de que o mesmo adjetivo podia ser aplicado aos homens, aos anjos e a Deus. Para a divindade criou-se uma palavra nova, muito pouco documentada, mas de extremo interesse: *'elohut* "divindade". O surgimento dessa palavra mostra com que força os qumrânicos sentiam a transcendência divina.

Outra grande evolução da categoria "sagrado/profano – impuro/puro" teve-se com Jesus. Com Jesus, é a distinção entre sagrado e profano que perde seu sentido, como se deduz do mandamento dado por Jesus de não jurar: não se pode jurar nem sobre nada que esteja bastante distante da sacralidade de Deus, pelo simples motivo que todas as coisas são igualmente de Deus. O homem não pode, por isso, nem mesmo jurar sobre si mesmo, porque também ele pertence a Deus (*Mt* 5,36). O pensamento de Jesus distingue-se tanto do farisaico, quanto do essênio.

Permanece, em vez, no pensamento de Jesus, o sentido de impuro, mas com outra raiz e diferente, tanto do farisaico quanto do essênio: tudo é de Deus, exceto o pecado do homem. O pensamento de Jesus sobre esse assunto, como é contado por Marcos (*Mc* 7,1-23) e por Mateus (*Mt* 15,1-20), é estruturado de maneira muito simples, com argumentação claramente racional. Só o que sai do homem pode contaminá-lo: segue uma lista de vícios e de pecados. O pecado, evidentemente segundo o ensinamento de Jesus, despotencializa o homem, torna-o sem condição de estar com Deus, de fazer sua vontade: em outros termos, o pecado torna o homem realmente, concretamente, impuro. A impureza, que o homem mesmo cria com seu opor-se a Deus no pecado, transforma-se num obstáculo que o mantém distante de Deus. O sentido tradicional do conceito de impuro, que compreendia o sentido de fraqueza, foi mantido, mas a fraqueza é entendida agora em sentido espiritual, real, sim, mas do espírito.

Com isso, a história do sagrado e do impuro não ficou concluída: de um lado, o judaísmo procurará recuperar o sentido do impuro, permanecendo preso à Lei. "Não é o cadáver que contamina, não é a vaca ruiva que purifica, é Deus que ordenou fazer isso" (*Tanhumah Huqat*, § 8). De outro lado, o cristianismo se encontrará continuamente nas garras da volta do sentido do impuro e do sagrado, entendidos como duas realidades das quais guardar-se. As dúvidas e as incertezas, não só, mas também as mudanças na liturgia e na práxis que aconteceram a esse respeito na história da Igreja e do cristianismo em geral, são a documentação de quanto seja forte e enraizado no homem o sentido do "sagrado/profano – impuro/puro".

Bibliografia

Estão indicadas apenas obras às quais se faz referência no livro ou foram, de alguma forma, ponto de apoio para o autor.

1. *Instrumentos manuais e obras em geral*

ABEGG, M. *The Dead Sea Scrolls Concordance; The non-Biblical Texts from Qumran*, 2 vol., Brill, Leiden, 2003.

Grande lessico dell'Antico Testamento, Brescia, Paideia, 1987... (Título original: *Theologisches Wörterbuch zum Alten Testament*, Stuttgart, 1973...).

Grande lessico del Nuovo Testamento, 16 vol. Brescia, Paideia, 1965-1992 (Título original: *Theologisches Wörterbuch zum Neuen Testament*, 10 vol., Stuttgart, 1933-1974).

Die Religion in Geschichte und Gegegenwart, herausg. vom K. Galling (et alii), Tübingen, 1957-65³, völlig neubearbeitet, 7 vol.

BOCCACCINI, G. *Il medio giudaismo* (Radici 14), Marietti, Gênova, 1993.

__________. *E se l'Essenismo fosse il movimento enochiano?*

Una nuova ipotesi fra Qumran e gli esseni, in "RSB" (1997), p. 49-67.

__________. *Beyond the Essene Hypothesis; the Parting of the Ways between Qumran and Enochic Judaism*, Eerdmans, Grand Rapids, 1998 (tr. it. a cargo de A. Bardi: Morcelliana, Brescia, 2002).

__________. *Roots of Rabbinic Judaism: An Intellectual History from Ezekiel to Daniel*, Eerdmans, Grand Rapids, 2001.

Collins, J. J. *The Origin of Evil in Apocalypt Literature and the Dead Sea Escrolls*: in "VTS" 61 (1995), p. 25-38.

Grabbe, L. L. *Judaic Religion in the Second Temple Period: Belief and Practice from the Exile to Yabneh*, Routledge, London – New York, 2000.

Jeremias, J. *Gerusalemme al tempo di Gesù*, Edizioni Dehoniane, Roma, 1989 (ed. alemã de 1958[2]).

Liverani, M. *Antico Oriente: Storia, società, economia*, Laterza, Bari, 1988.

__________. *Oltre la Bibbia; Storia antica di Israele* (Storia e Società), Laterza, Roma – Bari, 2003.

Maier, J. *Il giudaismo del secondo tempio*, Paideia, Brescia, 1991 (edição original de 1990, com o título *Zwischen den Testamenten*).

Nickelsburg, G. W. E. *Enochic Wisdom: An Alternative to the Mosai Torah?*, in J. Magness-G. Saymour (ed.), *Hesed ve-Emet*, Studies in Hon. of E. Frerichs (BJST 320), Scholarpress, Atlanta, 1998, p. 123-132.

Puech, E. *Jonatham le prêtre impie e les debuts de la communauté de Qumran: 4Qjonathan (4Q523) et 4QpsAp (4Q448)*, in "RQ" 17, (1996), p. 241-270.

PUECH, E. *Le Gran Prêtre Simon (III) fils d'Onias, le Maître de Justice?*, in B. Kollmann-W. Reinbold-A. Strudel (ed.), *Antikes Judentum und frühes Christentum* (Fetschrift Stegeman), De Gruyter, Berlim, 1999, p. 137-158.

SACCHI, P. *L'apocalittica giudaica e la sua storia* (BCR 55), Paideia, Brescia, 1990.

__________. *Storia del Secondo Tempio; Israele fra VI sec. a.C. e I sec. d.C.*, SEI, Torino, 1994. 2002².

__________. *Historia del judaismo en la época del Segundo Templo*, Trotta, Madrid, 2004 (com atualizações).

SMITH, M. *Gli uomini del ritorno*, Essedue, Verona, 1984 (original de 1971, com o título *Palestinian Parties and Politcs That Schaped the Old Testament*).

SCHÜRER, E. *Storia del popolo guidaico al tempo di Gesù Cristo (175 a.C.-135 d.C.)*, 4 vol., (BSSTB), Brescia, 1985-1998. Traduzida da atualização e reelaboração inglesa que está aos cuidados de G. Vermes-F. Millar-M. Black, T & T Clark, Edinburg, 1973-1987.

2. *Bibliografia específica relativa ao "sagrado – profano / impuro – puro"*

BAUMGARTEN, J. M. *The Essene Avoidance of Oil and the Laws of Purity*, in "RQ" 6 (1967), p. 183-192.

BEAUCHAMP, P. *Création et séparation*, Cerf, Paris, 1969.

BEHM, J. *haima*, in "GLNT" 1 (1965), p. 461-474.

BETTENZOLI, G. *Geist der Heiligkeit. Traditionsgeschichtliche*

Untersuchung des QDSh-Begriffes im Buch Ezechiel, (QSem 8), Dipartamento di linguistica dell'Università di Firenze, Firenze, 1979.

BOLGIANI, F. *Il concetto di sacro nella storia delle religioni*, fascículos universitários, Giappichelli, Torino, ano acadêmico de 1971-1972.

BOOTH, R. P. *Jesus and the Laws of Purity, Tradition History and Legal History in Mark 7* (JSNT Suppl Ser 13), The University of Sheffield, Scheffield, 1986.

BÜCHLER, A. *The Levitical Impurity of the Gentile before the Year 70*, in "JQR" 17 (1926-27), p. 1-81.

CATASTINI, A. *La commistione di sangue e acqua nell'Antico Testamento: Atto rituale e tabù letterario*, in *Atti della V Settimana di studi "Sangue e antropologia". Ritti e culto*, Roma, trecho sem indicação do editor, 1984, 635-651.

CAZENEUVE, J. *La sociologie du rite*, Presses Universitaires de France, Paris, 1971; tr. it., Il Saggiatore, Milano, 1974.

CERITTI, M. V. *Tematiche encratite nello zoroastrismo pahlavico*, in U. Bianchi (ed.), *La tradizione dell'Enkrateia*, Edizioni dell'Ateneo, Roma, 1985, p. 637-670.

CORTESE, E. *Le ricerche sulla concezione Sacerdotale circa puro-impuro nell'ultimo decennio*, in "RivBibl" 27 (1979), p. 339-357.

CROUZEL, H. *Mariage et divorce, célibat er caractères sacerdoteaux dans l'eglise ancienne* (Etudes d'histoire du culte e des institutions chrétiennes, II), Bottega d'Erasmo, Torino, 1982.

DE ROUGEMONT, D. *L'amore e l'occidente* (BUR L 117), Rizzoli, Milano, 1977.

Declerck, L. *Le cardinal L. D. Suenes et le chapitre sur le mariage du Schema XVII*, in "ETL" 76 (2000), p. 445-464.

Dennis, J. *The Function of the* ht't *Sacrifice in the Piestly literature*, in "ETL" 78 (2002), p. 108-129.

Douglas, M. *Purezza e pericolo*, (Universale 46), Il Mulino, Bologna, 1975 (orig. 1966).

Durkheim, E. *Le forme elementari della vita religiosa*, (numerosas edições), Maltemi, Roma, 2005.

Eliade, M. *Il sacro e il profano*, (Biblioteca di cultura scientifica), Boringhieri, Torino, 1967, 1969.

__________. *Mito e realità*, Borla, Torino 1966 (edição inglesa de 1963).

Filoramo, G. *Baptismal Nudity as a Means of Ritual Purification in Ancient Christianity*, in *Transformation of the Inner Self in Ancient Riligions*, Brill, Leiden et alibi, 1999, p. 393-404.

__________. *Figure del sacro*, Morcelliana, Brescia, 1993.

Flandrin, J. L. *L'église et le contrôle des naissances* (Questions d'histoire), Flammarion, Paris, 1970.

__________. *Le sexe et l'occident*, Seuil, Paris, 1981.

__________. *Un temps pour embrasser; Aux origines de la morale sexuelle occidentale* (VI-XI siècle), Seuil, Paris, 1983.

Galbiati, E. *I segni sacri nell'Antico Testamento,* in *Scritti minori*, Paideia, Brescia, 1979, p. 299-319.

Galpaz-Feller, P. *The Stela of King Piye: A Brief Consideration of "Clean" and "Unclean" in Ancient Egypt and the Bible*, in "RB" 110 (1995), p. 506-521.

García Martínez, F. *Il problema della purità, la soluzione qumranica*, in "RSB" 1 (1989), p. 169-192.

García Martínez, F. *Les limites de la Communauté: pureté et impureté à Qumrân et dans le Nouveau Testament*, in Baarda T. et alii (ed.), *Text and Testimony* (Studies in Hon A. F. J. Klijn), Uitgeversmaatschappig K. H. Kok, Kampen, 1988, p. 111-122.

Garnet, P. *Salvation and Atonement in the Qumran Scrolls*, (WUNT, 3), Mohr, Tübingen, 1977.

Gerleman, G. *Die Wurzel* kpr *im hebräischen* (Franz Delitzsch Vorlesungen, 1978), Schneider, Heidelberg, 1980, p. 11-23.

Gianotto, C. *L'Interpretazione di Atti 15 nei primi secoli cristiani*, in "ASE" 13 (1996), p. 123-141.

Gispen, W. H. *The Distinction between Clean and Unclean*, in "OTS" 5 (1948), p. 190-196.

Hauck, F. e Meyer R. *katharos*, in "GLNT" 4 (1968), p. 1255-1302.

Hink, R., Rendtorff, R., Lohse, E. *Rein und Unrein*, in "RGG" 5 (1961), p. 939-944.

Jacopozzi, A. *Note sul sacro in prospettiva postmoderna*, in "VH" 15 (2004), p. 265-275.

Jenson, P. P. *Graded Holiness; A Key to the Priestly Conception of the World* (JSOT Supll 106), Sheffield Academic Press, Scheffield, 1992.

Jucci, E. *Un Eden glorioso nel deserto, Miti di Origine, miti di caduta e presenza del femminino*...in "RSB" 6 (1994), p. 153-165.

L'Hour, J. *L'impur et le saint dans le Premier Testament à partir du Livre du Lévitique*, Part I; *L'impur e le pur*, in "ZAW" 115 (2003), p. 524-537.

Lanczkowski, G., Horst, F., Wendland, H. D. *Heilig*, in "RGG" 3 (1959), p. 16-151.

Lévinas, E. *Dal sacro al santo*, Città Nuova, Roma, 1985.

Lupieri, E. *La purità impura; Giuseppe Flavio e le purificazioni degli esseni*, in "Hen" 7 (1985), p. 15-44.

Magness, J. *Two Notes on the Archaeology of Qumran, 1) A Toilet at Qumran? And the Hoard of Tyrian Tetradrachmas and the Temple Tax*, in "BASOR" 312 (1998), p. 47-44.

Manns, F. *Une tradition judéo-chrétienne mentionnée par Egérie*, in "Hen" (1988), p. 283-291.

Marx, A. *L'impureté selon P. Une lecture téologique*, in "Bibl" 82 (2001), p. 363-384.

Mattioli, A. *Le realtà sessuali nella Bibbia*, Piemme, Casale M., 1987.

Milgrom, J. *Sin-Offering or Purification-Offering*, in "VT" 21 (1971), p. 237-239 (sic).

__________. *Leviticus 1-16*, Doubleday, New York, 1991.

Neusner, J. *The Idea of Purity in Ancient Judaism, From the first to the seventh century* (SJL), Brill, Leiden, 1973.

__________. *A History of Mishnaic Law of Purity*, 26 vol., Brill, Leiden, 1974-1977.

Newsom, C. *Songs of the Sabbath Sacrifices, A Critical Edition* (HSS 27), Scholar Press, Atlanta, 1985.

Newton, M. *The Concept of Purity at Qumran and in the Letters of Paul* (Society for NTS, Monographs Series 53), Cambridge University Press, Cambridge, 1985.

Neyrey, J. H. *Idea of Purity in Mark's Gospel*, in "Sem" 35 (1986), p. 91-128.

Noonan, J. T. *Contraception et mariage, évolution ou contradiction dans la pensée chrétienne*, Cerf, Paris, 1969.

OTTO, R. *Il sacro. L'irrazinale nell'idea del divino e la sua relazione al razionale*, Zanichelli, Bologna, 1926 (orig. alemão, 1913).

PASCHEN, W. *Rein und Unrein*, Kösel Verlag, Münich, 1970 (2ª ed. 1972).

PENNA, R. *Osservazioni sull'anti-edonismo nel Nuovo Testamento in rapporto al suo ambiente culturale,* in *Testimonium Christi* (estudos em honra de J. Dupont), Paideia, Brescia, 1985, p. 351-377.

PERRONE, L. *"Eunuchi per il regno dei Cieli"? Amore e sessualità dal Nuovo Testamento al primo cristianesiamo*, in "CrSt" 23 (2002), p. 281-305.

POHIER, J. M. *Le chrétien, le plaisir et la sexualité* (Foi vivante 158), Cerf, Paris, 1974.

PROCKSCH, O., KUHN, G. K. *hagios*, in "GLNT" I (1965), p. 233-310.

PRUSAK, B. P. *Woman: Seductive Siren and Source of Sin? Pseudepigraphal Myth and Christian Origins*, in R. R. Ruether (ed.), *Religion and Sexism*, Simon and Schuster, New York, 1974, p. 89-116.

PUECH, E. *La croyance des esséniens à la vie future: immortalité, résurrection, vie éternelle? Histoire d'une croyance dans le judaïsme ancien* (EtBibl 22-23), 2 vol., Gabalda, Paris, 1993.

RAVASI, G. *Giobbe*, Borla, Roma, 1979.

ROCHBERG, F. *Astronomy and Calendars in Ancient Mesopotamia*, in J. M. Sasson (ed.), *Civilizations of the Ancient Near East*, 4 vol., New York, 1996, vol. III, p. 1925-1940.

ROSSO UBIGLI, L. *Alcuni aspetti della concezione della 'porneia' nel tardogiudaismo*, in "Hen" 1 (1979), p. 201-245.

Rosso Ubigli, *La concezione della vita futura a Qumran*, in "RivBibl" 30 (1982), p. 35-49.

__________. *Israël e la communion des saints: Esquisse d'une nouvelle approche du probléme*, in "Les quatre fleuves" 25-26 (1988), p. 7-15.

__________. *La fortuna di Enoc nel giudaismo antivo: valenze e problemi*, in "ASE" 1 (1984), p. 153-164.

__________. *Il Documento di Damasco e l'etica coniugale: a proposito di un nuovo passo qumranico*, in "Hen" 14 (1992), p. 3-10.

Routhier, G. *Famille, mariage et procréation. Le combat de deux cardinaux canadiens*, in "CrSt" 23 (2002), p. 356-428.

Rowley, H. H. *Ritual and the Hebrew Profets*, in "JSS" 1 (1956), p. 338-360.

Sacchi, P. rec. em *Neusner J., The Idea of urity in Ancient Judaism*, in "RSLR" 12 (1976), p. 423-429.

__________. *Il puro e l'impuro nella Bibbia. Antropologia e storia*, in "Hen" 6 (1984), p. 65-80.

__________. *"omnia munda mundis" Tito, 1,15: il puro e l'impuro nel pensiero ebraico*, in *Il pensiero di Paolo nella storia del cristianesimo antico*, Gênova, trecho sem indicação do editor, 1984, p. 29-55.

__________. *Recensione a* Newton M., *The Concept of Purity at Qumran...* e em Booth R. O., *Jesus and the Laws of Purity...*, in "JSJ" 18 (1987), p. 94-98.

__________. *Il sacro profano, impuro puro: una categoria ebraica perduta*, in E. Guerriero e A. Tarsia (ed.), *I segni di Dio* (Saggi teologici 10). San Paolo, Cinisello B., 1993, p. 25-53.

Sacchi, P. *Marco 7; Gesù e la nuova concezione dell'impurità, La catechesi kerygmatica di Marco*, in "Credereoggi" 131-132 (2002), p. 179-198.

__________. *Isaia 6 e la concezione de impurità nel medio giudaismo*, in "VH" 13 (2002), p. 55-77.

__________. *Gesù davanti all'impuro e alla Legge*, Farisaismo e origini cristiane, in "RSB" 11 (1999), p. 43-64.

__________. *Gesù e la sua gente*, San Paolo, Cinisello B., 2003.

__________. *Le origini del giudaismo: tradizione e innovazione*, in J. Campos Santiago (ed.), *Biblia, Memoria histórica y encrucijada de culturas*, Salamanca e outors loguares, 2004, p. 24-48.

__________. *Il perdono dei peccati nell'ebraismo da Amos al I sec. d.C.*, in "RSLR" 40 (2004), p. 1-26.

__________. *La transcendeza nella Bibbia*, in "RelSoc" 19 (maio agosto 2004), p. 7-21.

__________. *Un tratto della teologia enochica: il peccato di aver rifiutato de guardare Dio*, in E. Bosetti e A. Colocrai (ed.), *Apokalypsis*, Cittadella editrice, Assis, 2005, p. 49-62.

Schiaparelli, G. *Scritti sulla storia dell'astronomia antica*, 3 vol., Associazione culturale Mimesis, Bologna, 1925.

Schmidt, F., *La pensée du temple, De Jérusalem à Qoumrân*, Seuil, Paris, 1994.

Schmitt, J. *La pureté sadocite d'après 1QS III, 4-9*, in"RevSR" 44 (1970), p. 214-224.

Shemes, A. *The Holiness according to the Temple Scroll*, in "RQ" 19 (2000), p. 369-382.

SIMON, M. *Souillure moral et souillure rituelle dans le christianisme primitif,* Estudos em homenagem de A. Pincherle, Roma, 1967, p. 498-511.

SMITH, D. E. *Meals and Morality in Paul and His World*, in "SBLSP" 20 (1981), p. 319-340.

TAMPELLINI, S. *Note a partire dal Levitico greco*, in "Ad" 10 (2004), p. 41-43.

TOSATO, A. *I reali matrimoniali denunciati in 4QMMT*, in L. Cagni (ed.), *Biblica et semitica* (estudos em memória de F. Vattioni), Istituto Orientale di Napoli, Nápolis, 1999, p. 645-666.

VALLONE, G. *Norme matrimoniali e Giubilei IV, 15-33*, in "AION" 53 (1983), p. 201-215.

VIVIAN, A. *Il concetto di Legge nel "Rotolo del Tempio" (11Q Temple Scroll)*, in"RSB" 3 (1991), p. 97-114.

WILLIAMS, A. V. *Zoroastrian and Judaic Purity Laws: Reflectios on the Viability of a sociological Interpretation*, in S. Shaked e A. Netzer (ed.), *Irano-Judaica III*, Ben-Zvi Institut, 1994, Jerusalém, p. 72-89.

XELLA P. *QDSh. Semantica del sacro ad Ugarit*, in "MLE" 1 (1982), p. 9-18.

ZATELLI I. *Il campo lessicale degli aggettivi di purità in ebraico biblico* (QSem 7), Dipartamento di linguistica dell'Università di Firenze, Firenze, 1978.

Índice dos autores citados

Índice de nomes

Índice das passagens citadas